大爱「语」精彩

——教育教学行研思

张丕荣 著

吉林人民出版社

图书在版编目（CIP）数据

大爱"语"精彩：教育教学行研思 / 张丕荣著. —
长春：吉林人民出版社，2023.8
ISBN 978-7-206-20392-3

Ⅰ.①大… Ⅱ.①张… Ⅲ.①中学语文课—教学研究
Ⅳ.①G633.302

中国国家版本馆CIP数据核字（2023）第186087号

大爱"语"精彩——教育教学行研思
DAAI YU JINGCAI——JIAOYU JIAOXUE XING YAN SI

著　者：张丕荣　　　　　　　封面设计：李　娜
责任编辑：门雄甲
吉林人民出版社出版发行（长春市人民大街7548号　　邮政编码：130022）
印　　刷：北京政采印刷服务有限公司
开　　本：787mm×1092mm　　1/16
印　　张：13　　　　　　　字　　数：153千字
标准书号：ISBN 978-7-206-20392-3
版　　次：2023年8月第1版　　印　　次：2023年8月第1次印刷
定　　价：58.00元

如发现印装质量问题，影响阅读，请与出版社联系调换。

序 ♥ 言

在学生眼里，他，睿智、渊博、幽默风趣，甚至阳光帅气；在自己眼里，他，就是一个普通人，普通得汇入人流就遍寻不见。学生发自内心地喜欢他，把原本普通的他，包裹成了光芒四射的另一个人；而让学生喜欢的，归根结底，是他痴心不改的教育情怀。

今天的故事主人公——张丕荣，青岛名师，青岛市名师工作室主持人，青岛市中小学学科带头人，青岛市教学能手，青岛艺术学校督导室主任，高级讲师。其儒雅好学，于尘世喧嚣中赢得一方心灵净土；其热血激情，于岁月荏苒中坚守教育情怀。

以爱为丕，以优为荣

"丕者，大也。" "以爱为丕"，即"以爱为大"。这嵌有他名字的八个字，包含了学生对他的敬与爱，是学生对他教育理念的精辟概括，也是他育人风格的真实写照。

张丕荣认为，一种受到学生肯定的教育，必定是充满感情的教育；一个受到学生衷心爱戴的教师，必定是富有人情味的人，一个能够用爱心唤醒爱心的人，一个

张丕荣老师与学生探讨知识

能够用朋友般平等而真诚的心去关怀和呵护学生的人。因此，张丕荣把"爱"作为自己教育工作的真谛和最高准则。师爱生，生爱师，互敬互爱，就能心和气顺，诸事成功。

他性情温和，笃信"多把尺子衡量学生"，从不轻易贬损任何学生，带领学生创建优秀的班级文化，踏入属于自己的优秀天地。学生热情、自信、乐观、向上，学习上积极进取，事事争先创优。每当学生在会场上、运动场上激情满怀地喊出"以爱为丕，以优为荣"这句口号时，那回肠荡气的感觉仿佛一股昂扬向上的力量，激励他和学生做到比好还要好！他所带的历届班级无论是在学习上还是在管理上都是成绩优异的，年年被评为校"先进班集体""先进团支部"，并多次荣获"青岛市先进班集体""青岛市先进团支部"称号。

他本人，也连年被评为"校优秀班主任""校首席班主任""优秀教师"，多次获奖并在市级会议上介绍经验。

驰纵学生思想，积淀人文气韵

张丕荣喜欢读书，勤奋求索，坚信文学会让学生从容、优雅、大度。因此，在精心讲授课本知识外，他还努力拓宽学生视野，开阔学生思想眼界，开设"欧美文学经典品读""趣味逻辑"等校本课程。于是，从《诗经》到《雨巷》，从希腊神话到后现代主义，从屈原、鲁迅到海明威、贝克特……古今中外的名人名作都被他纳入课堂教学，让学生与先贤大哲对话，让学生思想自由驰纵，植养他们的人文气韵。这是教育的大境界，他愿为之不懈努力。

他从教二十余年，教育教学成果丰硕。

她开设省级观摩课，获得省教学成果一等奖、市教学成果一等奖、市优质课一等奖、国家级课件一等奖、省语文教师基本功比赛二等奖；多次指导学生参加全国作文大赛取得优异成绩，获优秀指导奖；多篇论文发表于核心期刊及省市级期刊，或在评比中获奖。

两次主持、参与国家级课题研究，研究成果全部获一等奖。参与"咏舞宋词"的开发和编写获青岛市精品课程，主持"西方文学经典品读"的开发获青岛市精品校（园）本课程。

独乐乐不如众乐乐

在督导室日日观摩听课中，张丕荣对各学科课堂教学的流程、范式、结构、师生互动有了更深入全面的认识。他大力倡导老教师把教学经验中的特长整理出来，因为他坚信，特长就是优势；他积极鼓励年轻教师多学善学，大胆创新，敢破敢立，因为他知道，激情成就梦想。

独乐乐不如众乐乐。他期待每推开一扇教室门，就如同打开一个精彩纷呈的世界。不同的世界中，特色教学理念相互碰撞，多种教学风格百花齐放，老教师能将经验锤炼成精华，新教师能把新意锻造成

张丕荣与学生军训生活

辉煌。每位教师能尽展风采与专长，每个学生能尽享知识的芬芳。这才是他最大的教育情怀。

个人感悟

真爱就如潺潺流水，不是槌的打击，而是水的载歌载舞使鹅卵石臻于完美。只要心中有真爱，就可以姿态优雅，淡定从容；只要心似莲花开放，就可以馨香弥漫，芬芳永远。

目
录

第一篇　有效教学　创新课堂

第二篇　以爱为丕　以优为荣

第三篇　潜思躬行　辐射引领

第四篇　案例导读　曲径通幽

第一篇

①

有效教学　创新课堂

《哈姆莱特》整本书思辨读写策略与实践

身为中等职业学校的语文教师，我也在探索引导学生阅读整本书的门径，积累整本书的阅读经验。限于中职学生学习和阅读现状，对他们进行整本书思辨读写指导的过程确实艰难，不能过于求快求深，需要耐心、详细、循序渐进地进行，使他们能跟得上，包括时间设定、问题设计、分析讨论等方面，我都需要照顾到学生的学习水平。笔者在自己探索实践的基础上吸收并借鉴了整本书阅读先行者如余党绪、李煜辉、杨赢等教师的一些优秀做法，取得了不错的成效；学生的读书兴趣和思考深度、广度较以前都有了较大提升。

一、阅读目标

《哈姆莱特》是一部杰出戏剧，是文艺复兴时期英国伟大的戏剧家莎士比亚的最高成就作品，剧作以中世纪丹麦宫廷的故事为题材，通过哈姆莱特王子为亡父复仇的故事，表达作者对文艺复兴运动的深沉思索，对人的命运前途的深切关注。毫无疑问，对中职学生而言这是一部有难度、有深度、思辨性极强的作品。对这样一部巨著的阅读，笔者设定了以下几个目标。

通过剧本阅读，把握基本故事情节，厘清剧中人物关系及矛盾关系。

通过剧本阅读和课堂讨论，思辨、分析哈姆莱特形象的典型意义与文学价值。

通过剧本阅读与课堂讨论，深入理解"生存还是毁灭"的内蕴。

通过课堂讨论与写作实践，提升思辨读写能力。

二、阅读准备

首先提醒学生，既然是思辨性阅读，就绝不能总是用中国的传统眼光来看待欧美文学，必须更新自己的观念。

几乎在所有的欧美作家作品中总是把"人"放在中心：或表现人的软弱与苦难，或表现人的勇敢和尊严，或探索人性的复杂，或追寻人类的出路。西方文学的长河中贯穿着的是对人的命运的关心，对人的发展的思索。因此，读欧美经典作品，阅读的重点可能就不在于欣赏曲折的故事情节，而在于感悟人物丰富复杂的内心。

三、研读流程

余党绪老师把整本书阅读的课程功能定位为"读经典、学思辨、练读写"。引导学生读书，在细读中培养学生的思辨能力，在读写结合中提升学生的语文素养，追求"三位一体"的综合效益。阅读活动过程大体包括阅读欣赏、表达交流、探究梳理等几个方面，整本书阅读其实就是一个包容复杂的语文实践活动的过程。受余党绪老师启发和影响，我也努力从"读、思、写"三个方面入手，在整个读书过程中力求使学生在各个方面都有收获。

由于《哈姆莱特》剧本本身并不长，我要求学生在三周内把剧本完整地读完，读两遍到三遍，第四周讨论和探究。时间放得稍微宽裕一些，是因为有些学生没有定力和耐心，根本读不了几页就放弃，要给教师留出不断提醒、督促他们完整阅读的时间。这就是我们常说的：慢下来，等一等。

第一遍自由通读，第二、第三遍带问题精读、深读，同时提出自己的问题和疑惑。

第四周讨论和探究，这个根据问题情况决定时间长短，一般情况下讨论两节课至四节课足矣。

讨论后，写读后感或研究性小论文，或进行课本剧演出。

四、策略与实践

（一）自由读

第一遍，每个同学按照自己的阅读习惯，整体通读，了解基本故事情节，厘清人物关系。（这一环节对于中职学生来说，主要是让他们慢慢形成阅读能力，把书看完、看全，逐渐深入文本。）

（二）带着问题深入读

阅读问题是提纲挈领的抓手，其设计依赖于教师的深度思考，也是教师教育观念和对文本理解的直接呈现；当然也必须立足于学生，从学生实际出发。整本书阅读的关键在于找到具有生发性与整合性的问题，以问题切入作品，以问题解决来引导和推动学生对整本书的理解与思辨。阅读过程中教师要尽可能地引导学生发现问题，甚至能提出一个或几个"好"问题。问题汇总后，教师组织讨论沙龙，问题可由教师解答，可由学生相互解答，也可由学生讨论探究。

不论问题最终由谁解决，不论答案是什么，都不是最重要的。在这个过程中最重要的是培养学生"疑"的精神，鼓励学生不断追问，从而培养学生读书时深入独到的思考能力。教师应珍视这些真实问题，和学生一起分析、归类、研究，引导学生聚焦核心问题，找到学生感兴趣的研究方向。

我在具体研读过程中，两种提出问题方式结合使用。先是教师抛出问题（一般情况下，问题在读书之前就已给学生，不是在第二个环节才给出），学生边读书边思考。读的过程中，学生自然而然会不断涌现出新问题。我及时对问题进行汇总，在之后的讨论探究环节共同探讨。

在《哈姆莱特》思辨阅读中，教师和学生围绕以下任务和问题进行探讨。

常规问题。

（1）以思维导图形式，厘清每一幕、每一场的故事梗概。

（2）详细梳理剧中人物关系并画出图示。

（3）剧作里面有三段复仇情节，请找出。

全剧共有三段复仇情节：第一，哈姆莱特为被弑、被窃位、被夺妻的父亲向国王（叔叔）克劳狄斯寻仇；第二，雷欧提斯为被误杀的父亲和因发疯溺水而死的妹妹奥菲莉亚向哈姆莱特寻仇；第三，挪威王子福丁布拉斯为夺回其父输给老哈姆莱特的土地向丹麦国王寻仇（中途中断）。

（4）国王克劳狄斯的三个阴谋是哪三个？请思考第三个阴谋在情节发展中的作用。

（三个阴谋：谋害老国王，篡夺王位，诱娶王嫂；想借英国国王之手杀死哈姆莱特；挑唆雷欧提斯与哈姆莱特决斗，利用毒剑杀死哈姆莱特。）

（5）哈姆莱特一开始的理想是怎样的？（在父亲死前他怎样看待父亲、母亲及父母的关系？）哈姆莱特后来看到的现实又是怎样的？哈姆莱特对"人"和人世的看法前后有怎样的变化？

思辨问题。

（6）《哈姆莱特》剧中由三段复仇情节，组成一个复仇故事。该剧在我国曾一度被译为《王子复仇记》。你认为《哈姆莱特》和《王子复仇记》这两种译法，哪一种更好？说说理由。

（7）有人说剧作由多个"骗局"组成，是"骗局"的对抗。你能读出里面的"骗局"吗？

深度思辨问题。

（8）哈姆莱特是真疯还是假疯？说出理由。

（9）哈姆莱特延宕复仇了吗？说出理由。

（10）有人把哈姆莱特短短的一生概括成"快乐王子""忧郁王子""延宕王子"三个阶段，你认为这有什么合理性？

（11）后精神分析学派的代表人物拉康（德）提出了一种新观点，大意是"人的欲望只能是他者的欲望"，他认为"哈姆莱特的欲望依靠于他者，哈姆莱特没有自己行动的可能，只能按他者的时间来行动"。请从文中找出相关证据并说明。

（12）根据以上探讨和分析，归纳哈姆莱特的形象特点，并指出其典型意义与文学价值。

学生的追问。

（13）这么一个优柔寡断的人物，好像不是我们经常说的"英雄"人物，尤其是他对杀父之仇的处理态度和方式，也与一般复仇人物完全不同，但他在文学史上是经典的存在，那么其魅力到底体现在什么地方？

（14）在叔叔祈祷时（第三幕第三场），叔叔手无寸铁，时机难得，他本可以轻而易举地杀死叔叔来复仇，为什么他没这么做？

（15）"生存还是毁灭"的具体所指，渴求指点。

（三）问题研讨

小组讨论，各抒己见，合作释疑。

学生之间能解决的，首选学生间互释，如常规问题和稍有难度的问题。对学生而言，他们把故事梗概叙述完整，已是一个不错的成就，如果能举手发言阐述自己观点，那就更令人惊喜了。不管如何，能抓住表达机会展示自信与风采，就是一个很好的成长过程。

例如，学生共同合作找出剧本中的"骗局"。

哈姆莱特从父亲的魂魄口中得知克劳狄斯的罪行，开始构建复仇计划，采取"装疯"方式迎战克劳狄斯。为证实克劳狄斯的罪行，他又设下第二个"戏班演出"骗局。克劳狄斯设局把哈姆莱特送到英国求学，真实意图是想借刀杀人。哈姆莱特将计就计，设下另一个骗局。克劳狄斯利用雷欧提斯为父妹报仇的冲动设下新骗局，怂恿雷欧提斯和哈姆莱特决斗，并在剑上暗涂毒药。

又如，探讨《哈姆莱特》并不是一部一般意义上的复仇剧。

一般意义上的复仇剧，故事中心是写复仇和个人仇怨，渲染流血、死亡和恐怖。总之，是肤浅的。主人公的主要目就是找出凶手，然后杀死对方。莎士比亚的创作则不然。剧中第一幕第一场便暗示了凶手是谁，并在第一幕第五场揭示出来。凶手的过早揭示说明作者对秘密并不看重，不想以此为全剧悬念。这一处理降低了"谁是凶手"这一秘密的重要性，使悬念从谁是凶手的问题上迅速过渡到如何复仇的问题上。在表现如何复仇的过程中，作者呈现给我们一个丰富而深邃的世界——哈姆莱特的内心世界。

对于有难度、讨论仍不能解决的问题，教师作为平等中的首席，应适时介入，发挥主导作用。如在讨论对"生存还是毁灭"到底如何理解时，学生囿于知识和视野，并没有形成一个很好的根本性的答案和认识，这时就需要教师的介入。

哈姆莱特不是一个传统意义上的英雄人物，他之所以犹豫，是因为他对人生是有意义还是无意义的问题产生了纠结，父死、母嫁、叔父篡位，生活的变故使其产生这种想法。哈姆莱特处于理想与现实的矛盾中，就有了"生存还是毁灭"这个著名的哈姆莱特命题。

总之，哈姆莱特的遭遇让他认为人类丑恶，所以无论他是真疯还是装疯，是否延宕复仇，他思想的充实、敏于思考都是大家公认的。在这个过程中，哈姆莱特的迟迟不行动，显示出了他思想上的力量。

（四）思辨写作

思辨阅读应该将对疑难问题的解决与对思辨思维的训练结合起来，学生有了思辨思维，问题自然就能得到解决。以下是几种小形式。

（1）文字图表。用文字图表梳理文本内容（情节、人物关系等），形成系统化认识。

（2）写读后感。在读完剧本后，写下自己的感悟，并进行交流讨论，如人物理解、思想变化、矛盾发展与突变等。

（3）撰写小论文。对于课堂上讨论的问题，其中有许多值得深入思考、层层分析，如果课堂讨论没有完成，或者不尽兴，教师可以请学生课后把这些问题以文章的形式呈现出来，互阅互批，以促使他们更加理性深入地思考。尤其是前面任务和问题中的那些极富思辨性的话题，在充分讨论后非常适合写成小论文。

（4）比较写作。把哈姆莱特与乌鸡国太子（《西游记》三十七回：乌鸡国太子的父王被人推入水井惨遭谋杀，母后被霸占，大好江山为仇人篡夺）进行比较阅读，论述两位王子处世特点及其形象特点的不同处。

教师点拨：乌鸡国里的这位太子因为得知了唐僧的梦，加上母后也有一梦，这些梦的内容就成了"父亲被害死"的真凭实据；加上孙悟空在四十里外遥遥一望，"只见乌鸡国京城上空有一股黑气妖雾"，更是无须求证、铁案如山了。这位王子遇事不是理性判断，而是双膝下跪恳求别人为他报仇，本是当事人，却自甘处于无所作为的旁观者地位。

（五）拓展阅读

读完一本书，并不意味着阅读就结束了，这往往是新阅读的起点。教师要善于引导学生带着真实阅读体验和成功阅读方法，进行延伸阅读，以使思维继续向纵深发展。教师可让学生重读某部自己曾经感兴趣的作品，或阅读专家解读，或阅读感兴趣的作者的另外作品，或阅读相同题材的不同作品。课后我又向学生推荐了邹广胜的《〈哈姆莱特〉导读》、徐葆耕的《西方文学：心灵的历史》、承益群《经典名著深度导读——哈姆莱特》等著作，作为学生拓展阅读、深入思考的资料。

（六）课本剧表演

我一直认为表演是更高层次的理解，即使表演的水平稍差一些，表演对学生的阅读与理解也有巨大的推动作用。在这方面，中职学生，尤其是我的艺术专业学生有着得天独厚的优势。

学生对课本剧表演有着异乎寻常的兴趣。他们分小组进行准备，各小组分别选取了《哈姆莱特》中不同的经典片段，有"生存还是毁灭""与母亲的对话""与奥菲利娅的对话""哈姆莱特与雷欧提斯比剑"等。课本剧准备时学生需要深入研读、揣摩相关章节，表演前学生要体悟剧本台词的内蕴，表演中学生要通过自己的语言、语气、表情乃至肢体动作传达人物的喜怒哀乐和复杂的思想情感，表演后还有评价和小组质疑提问等环节。这些活动对建立学生与剧本之间的联系、提高学生的阅读兴趣、推动阅读进程、深化阅读理解均起到了不可替代的作用。

适宜的教学方案会给学生创设整本书阅读的良好情境，能够激发学生对整本书阅读的兴趣。以上的导读课设计研究仍较为粗疏简单，愿和众语文同人一起探索，以能让学生更好、更愉快地进行整本书阅读，提升语文素养。

参考文献：

［1］张志庆.欧美文学史论［M］.北京：科学出版社，2002.

［2］余党绪.整本书阅读：读经典、学思辨、练读写：《鲁滨逊漂流记》"思辨读写"实践［J］.语文学习，2017（6）：27-32.

［3］余党绪."整本书阅读"之思辨读写策略［J］.语文学习，2016（7）：12-17.

［4］李煜辉.略谈整本书阅读课程方案的设计［J］.中学语文教学，2017（2）：8-10.

本文系青岛市教育科学"十三五"规划2018年度课题"语文教学中基于思辨性读写提升艺术生批判性思维能力的研究"（课题批准号：QJK135D502）阶段研究成果。

聆听大师的声音　感受经典的魅力

——"与经典对话"学习案例之《老人与海》

人们常常把那些历久不衰的典范性、权威性作品称为"经典"。这些经典作品是经过时间长河的涤荡和淘洗沉积下的精华，是人类历史文化的结晶。它流传久远，又能常读常新。

经典文学作品是这样的一些书：对它们，我们听说过，以为有所了解，当我们真正读它们时，却觉得它们独特、新颖和意想不到。

经典文学作品的阅读教学是语文教学的重要内容，它的意义不仅在于使学生获取知识，而且在于使学生在与中外文学大师的对话中，耳濡目染，接受精神的洗礼、心灵的滋养、灵性的启迪，不断提高文学鉴赏水平，加深对人性的认识和理解，并且感悟、积淀、升华美好的情感，进而形成有益于未来发展的价值观和人生观。

对于如何挖掘经典文学作品的这种潜在的、巨大的影响力，语文教师首先要考虑的是以什么方式将学生领进经典文学作品的殿堂，让学生愿意去感悟经典。实践告诉我，"与经典对话"是可以尝试的一条途径。尔后，我与学生在共同探索中收获着。

下面是笔者与学生共同赏析经典文学作品《老人与海》的实录。

在赏析这部作品即"与经典对话"之前，教师已提前给学生布置了详细的阅读要求。

师：大家都看过美国好莱坞的影片吧？

同学们纷纷举手。

师：噢，很多人都看过。哪位同学来谈谈你看了这些好莱坞影片之后的感受或看法？

生：场面宏大，艺术高超，演技好。

生：产量大，影响大，渲染大场面，宣扬英雄主义。

……（同学发言相当踊跃。）

师：（赞许地）同学们讲得都非常好。好莱坞影片中的确有许多优秀的作品，在全世界范围内影响都很大，引起轰动。

好莱坞影片所塑造的人物当中，有一类形象是"英雄"，当然也可以用"硬汉"这个词来称呼。像史泰龙、施瓦辛格等演员扮演的角色，常常单枪匹马，在危急时刻以一己之力力挽狂澜。

你们知道吗，这是美国精神的一种。

大家一定想知道哪位人物对这种精神的形成有决定性的影响吧？

对。有位同学说对了，是海明威。

为什么这样呢？有没有同学知道？谈谈理解和缘由。

（提示：主要从两个方面来谈，一是海明威的待人接物，即他的生平；二是作品。）

学生答，谈生平，谈印象。

生：海明威身材魁梧，一头卷发，络腮胡子，高大威猛。其父亲是一位高明的医生，酷爱户外运动。这对海明威日后成长为一个永不言败的英雄、行动的巨人，有着深远的影响。

生：海明威喜欢冒险和打猎。曾独自到非洲丛林里去打狮子、犀牛等动物，还独自到大海深处捕获过成吨重的大马林鱼。另外，他还是个拳击迷，四五十岁时还经常参加拳击比赛。总之，他喜欢干一些带有野性的事情。

生：海明威经历过两次世界大战和西班牙内战，作战时勇敢无畏。他做过12次手术，身上取出过227片弹片和机枪弹头，头部缝过57针，受过多次脑震荡。战争的经历对他的性格影响巨大，塑造了他勇敢无畏的性格。

生：简而言之，海明威自己就是一个硬汉，所以文如其人，他自己就是其作品人物的原型。

生：海明威因为年轻的时候身体受过多种创伤，所以到了老年疾病缠身，处处需要别人的照料。1961年7月2日，海明威扣动他所钟爱的双筒猎枪，消亡在"砰！"的一声巨响中。有人说，这是他不能忍受病痛对他造成的折磨所做出的选择。

我认为，这最后的枪声，并不是他对生命的舍弃，而是对生命尊严的捍卫；那种举步维艰、言语不清的生命存在对他来说是无法容忍的。

师：（非常高兴）看来同学们已细细读过海明威的相关传记和文学作品了，真不错。"读"是与经典对话的开始。

海明威笔下的男主人公大都是跟他一样的"血性汉子"，有共同的性格特征：顽强刚毅、勇敢正直，能无畏地面对死亡和痛苦，在严酷的悲剧命运面前，无论死神多可怕、形势多严峻，都坚守人的尊严，不失勇气和决心，临危时具有镇定自若的"优雅风度"。

师：海明威的作品中最能体现他的硬汉风格的作品，当属《老人与海》了。阅读的任务虽已在课下布置，但我还是想请同学来概括一下小说的情节，讲讲故事梗概。

（因为概括能力、讲故事能力是我们师范专业学生的一个重要素质。会看小说，未必会讲故事；讲了故事，未必能打动人。）

请两位同学讲（要求：限时3分钟，自由处理情节内容，但要给听的人明确的态度和感受）。其他同学认真听，并做简要评价。

生：……（讲故事略。）

生：……（讲故事略。）

学生和教师听，学生评，教师略评。

师：好，我们听完了故事，就来简单地归纳这篇小说同其他小说相比有何特点。

生：故事情节简单，人物少。

生：情节单一，就是写了老人桑提亚哥独自在深海钓鱼，与大鱼搏斗的故事。人物只有老人、孩子和大马林鱼（如果也算人物的话）。

师：虽然故事情节简单，但就是这样一本几十页的小册子，获得了1954年诺贝尔文学奖。

［教师简单讲述出版发行情况（在短短48小时内售出530万册！），以及别人的评价（1952年出版，出版次年获美国文学最高奖——普利策奖，1954年又获诺贝尔文学奖）。］

你们怎样看？你们认为它出色在什么地方？理由？

生：描写了桑提亚哥不怕困难，充满毅力，克服恐惧，机智多谋的"硬汉"性格。不过，他出海捕鱼的最后结果只是带回了一副鱼骨架，我觉得他是一个失败者。

（教师播放大海中狂风巨浪的影片，给学生一个真实的震撼。）

另一位同学马上站了起来：我不认为是这样……

（争论开始了，我高兴地想。）

这位同学接着说：我认为桑提亚哥非常乐观，他并没有失败。虽然他长期处于艰难和不幸中，生活贫困，缺衣少食，经常忍饥挨饿，总是腰酸背疼，手上旧伤未愈又添新疤，还曾多次因精疲力竭而昏倒……但是他说"苦难对人来说不算回事"。从这些细节可以看出来他非常乐观。

生：我认为他还有超乎常人的承受苦难的能力。在海上捕鱼时，钓丝持续不断地压在背上所带来的巨大痛苦，夜以继日地劳作所造成的极度困倦，他都能泰然自若地面对。好像是一个铁打的人，让人心生敬佩。

生：还有，鲨鱼袭击他的猎物，让他怒不可遏，但他始终没有怨天尤人，从来没有放弃过战斗。他用自己的鱼叉杀死了一条鲨鱼；鱼叉丢了，又用刀砍；刀砍断了，用短棍打；短棍丢了，用船舵砸；船舵砸断了，就用断舵跟鲨鱼搏斗：这精神着实令人敬佩。最后，虽然他只把鱼骨架带了回来，但渔村里的人们都为骨架的庞大惊叹不已。

师：大家说得非常好！看来大家对作品已经理解得相当深刻了。

我们可以看出，老人桑提亚哥的确没有失败。我是这样认为的，老人桑提亚哥既是一名渔夫又是一名勇士。

作为一名渔夫，他已经征服了那条大得出奇的马林鱼（5米多长，比他出海所驾驶的船还长）。

作为一名勇士，他面对凶猛的鲨鱼接连不断的进攻从不畏惧，顽强拼搏，最终将它们杀得杀、赶得赶。

回家时，他不仅带回了自己完好的生命，而且带回了一个超过5米的马林鱼的骨架，这证明他依旧有信心、有能力出远海捕捞大鱼。

老师总结：

《老人与海》不是一部以情节曲折取胜的小说，完全没有一波三折的故事情节，而是讲述了老人桑提亚哥在海上漂泊87天捕鱼的故事，情节非常单一；而且故事中没有女人的存在。这原本是小说创作非常重要的两点。

我们的确很难想象：如果把哪位作家小说中的曲折情节和男女主人公的恋情去掉的话，小说还会有什么吸引力。而海明威在《老人与海》中就做到了这一点，把一个在常人看来索然无味的小说写得撼人心魄、耐人寻味。

它最成功的地方是"对人在暴力与死亡的情况下表现出来的勇气"做的深刻而隽永的描写。从某种意义上来说，人人都是失败者。即使某些人取得了通常意义上的"成功"，但他们拥有的和期待的往往也存在距离。生活中充满"偶然性"，人们不是总能把握自己的命运。在客观命运的困顿面前，人们不可避免地产生两种态度：乐观或悲观。同样的半杯水，乐观的人会说"还有半杯水"，而悲观的人则会说"只剩下半杯水了"。

在这个问题上，海明威用桑提亚哥的口做了响亮的回答。老人说"一个人并不是生来就要给打败的。你尽可以消灭他，可就是打不败他"。这种硬汉式的铮铮之言，体现的是海明威对人拥有的崇高精神的肯定和认定这种精神必将长存的信心。

这种顽强的反抗精神使我们想起了希腊神话中的西西弗斯。他明知把巨石推上山顶，它还会滚落下来，每一次劳苦都是为下一次劳动准备条件，然而他朝着不知尽头的痛苦，迈着均匀而沉重的脚步走下山去。

《老人与海》让我们明白"人不可有傲气，但不可无傲骨"。外在的肉体可以忍受折磨，但内在的意志是神圣不可侵犯的。人生的意义就在于一种精神，敢于承受痛苦，蔑视困难。明知山有虎，偏向虎山行。

愿老人的精神激励我们前进！愿每位学生都能支撑起一片属于自己的天空！

浅谈小学语文教学中的创新教育

"创新学习"是重庆市创新学习研究中心课题组于1998年提出的概念，随着时间的推移，这个词的影响也越来越大。所谓"创新学习"，就是要求学生在学习过程中，不拘泥书本，不迷信权威，不墨守成规，以已有的知识为基础，结合学习的实践和对未来的设想，独立思考，大胆探索，别出心裁，标新立异，积极提出自己的新思想、新观念、新思路、新问题、新设计、新建议、新方法的学习活动。虽然这个表述仅仅是个描述性的定义，但我们可以了解到，该概念包含的破陈规、立己意、深探索的内涵是相当宽泛的。要"创新学习"当然就需要具备创新精神和创新思维能力，这种创新思维能力具体是指善于用新颖、独特的方式来解决某个问题或提出对某个问题的看法的思维活动，它是一个比较宽泛的概念，是创新学习中相当重要的组成部分，当然也应当下大力气培养。

语文学科在培养学生创新思维能力方面具有独到的优势。语文课是基础课程，也是工具课程；既可以使学生在学习知识的同时发展思维的独创性，又可以在语文教学中利用灵活多样的方法引导学生从多角度理解文章内容，使学生在很小的年龄便开始养成独立思考、刻苦钻研的良好习惯。总而言之，在语文教学中培养和发展学生的创新思维十分重要，有利于学生听、说、读、写能力的全面提升，有利于学生综合素质的提高，更有利于厚实学生的人文底蕴。我们应重视在语文教学中对学生创新思维能力的培养。

一、实施创新教育，提高教师自身创新素质是关键

语文教师的创新意识和创新精神是形成和发展学生创新思维能力的先决条件，只有这样的教师才能把学生引到创新的道路上，使学生真正发挥出创造性的才能，因此教师自身应该做到以下几点。

（一）放开视野看形势

现在是素质教育的时代，教学理念与课程标准较以前已有巨大的不同，教师要积极投身于时代改革潮流中去学习、实践、创新。教师要在改革中勤动脑、善思考，在语文教学的过程中不断创新思路，不断给学生带来惊喜，学生才能给我们带来惊喜。如果把自己局限住了，学生的那种自由自在的想象也会被我们局限住，学生就会失去那双自由想象的翅膀，而我们往往就成为那个折断学生翅膀的凶手。

我在教学过程中大力提倡让学生大胆发表自己的看法，他们可以对我的观点提出质疑，甚至可以批评我。刚开始时学生畏畏缩缩，怕自己说错话；后来逐渐适应了这种新理念，思维越来越活跃；现在学生已经完全无所顾忌，可以大胆地展现自己的想法，甚至提出和我不一样的观点。我觉得这样做不仅解放了学生的个性，也让我从学生身上学到了很多，学生成了我的老师，由此我和学生的距离更近了，我也成了他们的良师益友。

（二）教育的创新之路要靠教师自己的实践

对教育理念的创新，教师要靠在平时的教育教学过程中慢慢体

会、慢慢摸索、慢慢实践，再慢慢利用。教师要打破习惯和经验的束缚，一定不要闭门造车，要跳出课本看课本，要汲取先进的教育理论和经验，多走出去，学习别人先进的知识理论，来丰富、充实和提高自己，这样才能让自己快速进步。只有自己跟上了时代的脚步，才能让自己的学生具备适应时代发展的能力。即使为了学生的发展，教师也必须非常有责任心地来充实自己。

比如，有一次在课堂上，教师让学生制定目标，在教师的引导下，学生自己制定了三个目标，然后教师问："你认为这个目标的达成需要几分钟？"学生的兴趣马上就被调动了起来，纷纷说十分钟、五分钟、二分钟……最后教师说："好，就给你们五分钟，看看谁能在自己规定的时间内完成这个目标。"于是学生学习得兴致勃勃，一节课下来还意犹未尽，让听课的教师都不禁为之喝彩。

（三）世界上并不缺少美，而是缺少发现美的眼睛

世界上并不缺少美，而是缺少发现美的眼睛。我始终坚信这句话。特别是教师，千万不能只是一味埋头工作，要经常抬起头来发现身边的美，学会欣赏生活，使自己始终处于一种快乐的状态，教师只有真正乐教，学生才能受到教师的感染而乐学。教师在一种放松的心态下施教，潇洒自如；学生在一种愉悦的心态下学习，思绪灵动。

二、在平时的教学过程中激发学生的创新精神，培养创造力

爱是教育的基础。教师诚挚的爱，能引起学生愉快的情感体验，唤起学生的爱心及自信心，使学生心情舒畅、兴趣浓厚、思维活跃、自尊自信、自强自爱、欢乐兴奋，使学生在爱心中把充沛的

精力投入学习，取得惊人的进步。正如罗曼·罗兰说过，要散布阳光到别人心里，先得自己心里有阳光。因此，作为教师，必须千方百计地爱护和保护学生的好奇心，不断地激发他们探究的兴趣，肯定和鼓励他们的点滴发现，引导他们敢于想他人之未想，做他人之未做，这样他们的创造欲望就会被激发起来。

要激发学生的创新精神，教师首先应有以下正确的认识。

（一）教师要正确理解学生的创新

学生的创新主要表现在：幼稚天真而充满幻想；思维和表达不受任何限制；疑问看似简单平常却新颖奇特；回答跟教师的预设答案总有距离，却有其合理性，但是有时也会让教师大吃一惊，连教师都想不到的答案他们却会想到。

教师不要以成人的眼光看待学生的创新，更不要把那误解为严密的逻辑思维、重要的理论发现和科学的创造发明等，那就势必把很多具有创新天赋的人才扼杀在摇篮之中。一位老师按照自己的教学设计讲完了规定的内容，然后问："同学们，听懂了吗？"全班同学都说听懂了，只有一位学生说："老师这个地方可不可以按照我的方法……"学生还没说完，这个老师就打断了他的话，说："哦，你还没听懂啊？那我再给你讲一遍，但是要记住，以后要专心听啊。"教师能耐心讲解是正确的，但是教师并没尊重学生的每次发言，特别是学生有创新想法时，教师却没有让学生说出来，这样极有可能扼杀学生大胆质疑的勇气和信心，这对教育教学的顺利开展会产生很大的负面影响。

（二）教师要充分信任学生的创新潜能

学生是最爱问问题的群体，因此学生是天生的创新人才，他们的成长经历凝聚着他们创新的胆识和能力。一个婴儿出生后，便睁大双眼搜寻各种新鲜的事物，认识各种不同的脸谱，尝试各种动作，发出各种声音传达自己的信息；需要与人交流了，便开始牙牙学语；刚刚会说话，其语言和思维就令人惊奇。学生的创新意识、学习欲望及自身的发展之间是紧密相连的。在相互信任的氛围中，学生会尽情发挥自己的创新潜能。

（三）教师要充分尊重学生的发现

对于学生的发现，有些教师常常不以为意、不置可否。我们有时会看到这种现象：教师置学生的质疑于不顾，仍按自己的设计组织教学。这种不尊重学生的发现、不关注学生的认知水平、硬拉着学生"跟我学"的做法，使学生失去了创新的欲望和学习的需求，使学生出现高分低能、越学越没灵气的不良后果。因此，教师要尊重学生，尊重学生的发现，满足学生创新学习的需求，这样才能激发学生的创新精神。

三、教师要注意挖掘课堂教学的创新因素，培养学生创造力

课堂是学生创造力成长的主要基地，学校的教育任务主要是通过课堂教学来完成的。因此，教师要花大力气来研究怎样才能使课堂教学充满活力，怎样在充满活力的课堂教学中培养学生的创造力。

（一）深度挖掘教材中的创造性知识，激发学生的创造力

求异思维是创造性思维的核心，它对创造力的形成起着至关重要的作用。在小学语文教学中，教师应注意开发学生的求异思维，激发学生的创造力。例如，一位教师教《称象》，问学生：还有没有更好的称象办法？学生的思维顿时活跃起来。一个学生说："称石头太麻烦了，可以让随行官员一个个地上船，直到船沉到画线的地方，称称每个人的重量，把重量加起来就是大象的重量。"多么与众不同又切实可行的办法！多么可喜的求异思维的火花！学

生不是不能思考，关键看教师是否有及时的启发引导。语文教材中的很多课文都可以用来训练学生的求异思维。例如，在教学《草船借箭》时，教师可提出如下问题让学生思考。如果三天之内江上没有大雾，诸葛亮草船借箭的计划落空了，事情的结果会是怎样呢？如果鲁肃事前把诸葛亮的妙计告诉了周瑜又会怎样呢？教师这样精心地为学生铺设求异路径，引导学生多角度、灵活地观察、分析问题，就能提高他们创造性思维的质量。

（二）鼓励质疑，培养学生多向思维能力

要培养学生的创造力，一个基本的问题就是要从鼓励学生发问质疑开始。实际上每个学生都是天生的发问家。对学生而言，整个世界就是由一个个问号构成的，所以他的问题很多。为什么随着学生年龄的增长，问题会变得越来越少，很多学生最后不会问问题，提不出问题来呢？这跟我们的教育方式是相联系的。对于学生的很多荒诞不经的问题，我们常常采取的方式是呵斥制止，不予理睬。这样时间长了后，学生的质疑问难的精神就会被窒息掉。因此，一方面，要鼓励学生发问质疑，另一方面，要使学生始终保持一种比较强的问题意识。要使学生能够不断地提出问题来，教师还应该有正确地应对发问的策略。在课堂上，对学生提出的问题和发表的意见，教师应该冷静地对待和思考，特别是对于那些跟教科书、跟教师的设想不一致的意见，更应该慎重地给予解答，在不明确的情况下，最好延迟做出判断；如果像我们曾经习惯的那样，教师马上习惯性地、条件反射式地给予否定，学生独立思考的积极性在不经意间就可能受到严重伤害。所以我们一定要多抛问题给学生，既给他们思考的时间，又给他们发言、展示的机会，既满足了他们探究的愿望，又锻炼了他们的能力，何乐而不为？

（三）采取灵活多样的教学方式，让学生在自主的语文活动中培养创造能力

语文教学应当充满情趣，充满乐趣，充满活力。教师要根据年龄的不同、课文的内容和形式的不同，采取不同的教学方式。要把行之有效的语文活动形式引进课堂教学。画面感强的课文可以读读、画画，诗歌可以读读、背背、唱唱，童话和情节曲折的故事可以读读、演演，还可以利用多媒体课件创造学生喜欢的情境。在读、画、唱、演中，不仅能加深学生对课文内容、思想、情感的体会，而且能发展学生语言，极大地激发学生的想象力和创造力。

（四）语文教学中应当重视探究、发现的环节

在语文教学中重视探究与发现，教师需要注意以下两个方面。一方面要切实加强潜心读书、独立思考的环节。教师要给每个学生充足的读书、思考的时间，使他们人人都能从头到尾读上几遍书，有时间从容地想一想自己读懂了哪些，还有哪些不懂的地方，特别是能有哪怕是肤浅的，但确实是自己在读中感悟到的东西。教师对独立见解应热情鼓励，对有价值的见解要充分肯定。如此坚持下去，每个学生一定会在探究中有所发现，创造性思维能力一定会逐渐提高。另一方面要重视合作学习。利用小组学习和师生交流的机会，学生互相启发，在讨论中加深理解，从别人的思路中得到启示。教师在课堂上营造师生合作、生生合作、平等讨论、自由争辩的气氛，给学生提供充分展现自己的机会。如此坚持下去，全班一定会形成探究的氛围，从整体上具有较强的提出问题、分析问题和解决问题的能力以及创造性思维能力。

（五）放飞想象的翅膀，培养创造力

想象是创新的翅膀。学生想象力丰富，只要教师创造条件，正确引导，让他们展开想象的翅膀，就能很好地发展学生的创造力。

学生读有情有景的课文时，教师要启发学生进行再造想象，边读边在头脑中浮现图画。这样既能用图画帮助学生理解内容，又能培养学生的想象力。同时学生也可以结合课文内容进行读写练习，培养想象力及语言表达能力。如在《狼和小羊》的教学后，重新播放录像，当狼扑向羊时定格，教师引导学生想象，问："小羊最后被狼吃掉了吗？请同学们展开想象给故事加个结尾。"学生兴味盎然，思维的闸门被打开，很快就编出了好几种故事结尾。教师课前通过个别了解把一个学生的想象的故事结尾制成光盘，此时播放说："同学们所编的故事结尾，真生动！请同学们继续大胆想象，大家一起评出几个精彩的故事结尾，老师再把它制成光盘，我们一起欣赏。"这就更能调动学生思维的积极性。课堂上，学生跃跃欲试，连平时不爱发言的几个学生也举起手来。大多数学生都想象小羊急中生智，想出种种逃脱的办法，没被狼吃掉，或把狼打死；也有的学生设想小羊太善良了，跪在地上求饶，结果还是被狼吃掉。总之，一个个生动有趣的故事结尾，在学生的脑子里诞生了。教师相继点评、总结，鼓励学生大胆想象，在训练和发展他们的创造力的同时，也提高了学生的语言表达能力。

四、拓展教学空间，积极开展创新性的课外活动

课外活动是课堂教学的延伸和补充。课外活动具有趣味性、灵活性等特点。开展创新性的课外活动，有助于学生在各种活动中培养和锻炼自己的创新意识与创新能力。

（一）全面开放课外活动设施

课外活动要为学生施展创造才能提供舞台，使学生的创造活动有资料、有设施、有场地。语文教师不仅要充分利用学校图书馆、阅览室开展导读服务活动，这样可以使学生在课内学得的知识得到

印证和拓宽，在课内培养的能力得到巩固和提高，而且要经常举办一些比赛，让学生得到一定的成就感，慢慢地从被迫学习向主动学习转变。

（二）创办学生自己的报刊、广播站、少儿剧团

创新是人人皆有的一种潜在心理能力，创造力要靠教育和实践来挖掘。放手让学生创办自己的报刊、广播站、少儿剧团（课本剧），鼓励学生主动扮演小编辑、小记者、节目主持人、小演员的角色，使他们能够独立地运用所学知识，为自己的小社会服务，发挥主人翁精神，创造性地开展工作。浓厚的兴趣、主动的参与意识和获得成功后的成就感，会为学生今后的不断创新打下坚实基础。

由此可见，创新教育需要教育创新。语文教学中对学生创新能力的培养，教师必须在教学方法、教学手段、教学结构等方面进行创新，努力构建以学生自主学习为中心的全新的教学模式，使课堂真正成为学生自主活动和实践的一片天地，这样，才能为创新人才的培养打下良好的基础，我们一直提倡的素质教育才不会成为一句空话。

我们只有树立这种新型的创新教育观，为教师营造出一种宽松、和谐的教学氛围，为学生创造出一片自由想象的天空，用心去关怀他们，细心去呵护他们的好奇心，激发他们的创新意识，为他们点燃创新的火花，我们的学生才会更加出色，我们的教育才会更加出色。

参考文献：

［1］"重庆市创新学习理论与实践研究"课题组.创新学习：

　　　21世纪学习观［J］.人民教育，2000（3）：20.

［2］李杏保.纵论语文教育观［M］.北京：社会科学文献出版

社，2001：247.

［3］宿春礼.像大人物一样思考［M］.北京：新世界出版社，
　　　2002：3.

［4］中华人民共和国教育部.语文课程新标准（实验稿）［M］.
　　　北京：北京师范大学出版社，2001：8.

在"探究"中学习

——网络环境下文学课程研究性学习案例之一

一、实施背景

从历史上来看，所有教育的变革和发展，都源于教育传播媒体的变革和发展。文字的出现和印刷术的发明，变革了文化传递的方式，也引发了三次教育革命。

互联网的发展，使人类步入了一个以电脑化、数字化、网络化为主要特征的信息化时代，使文化的传递工具和传递方式产生了一次全新的变革，并将引发教育的再一次变革。这种变革是现代信息技术（网络技术、通信技术、多媒体技术、虚拟现实技术）与教育的整合而产生的一种"网络环境下的教育与学习"；这种基于网络的教育变革既包括教育体制、教育理念、教学内容、教学方式方法和组织形式的改变，也包括学习者学习观念、学习方式和思维方式的改变，甚至包括教育外部环境的改变。在这种大背景下，语文（此指"大语文"概念，含"文学"，下同）教育教学将出现一个前所未有的巨变。随着现代信息技术与语文教育不断交互、不断整合的"一体化"进程的逐步深入，展现在世人面前的将是一个广阔而绚丽的现代化语文教育前景：网络世界即将成为语言学习的新天地，并产生一种新型的语文教育——"网络环境下的语文教学"与"网络环境下的语文学习"。这种基于网络环境的"在线语文"，将与现实世界传统意义的语文不断连接和交互，共同构成语文学习的大环境，共同促进学生语文素养的形成与提升，为学生终身学习与可持续发展奠定基础。

二、教学理念

众所周知，文学是以语言塑造形象，反映社会生活，给人审美感受，影响人和精神世界的艺术。文学现象是非常复杂的现象，既表现在作家创作的作品中，也表现在文学思潮和文学活动中。我国自古就有"诗无达诂"的见解，西方则有"一千个读者眼中就会有一千个哈姆莱特"的谚语，说的都是一个道理，即对文学现象的理解是仁者见仁，智者见智的。文学研究性学习的目的在于让学生通过对某一文学现象的把握、理解和认识，形成自己对文学的建构和认识；其意义和价值在于让学生通过对文学现象（作品、思潮或流派）的分析与理解，培养其审美鉴赏能力，使学生能够识别各种关于文学现象的解释与评价，并提出自己对文学现象的理解与分析，尤其是通过运用各种文学评价资料，培养学生自己的审美分析能力，增强其人文素养，厚实其文化底蕴。而网络环境为学生收集和运用各种文学资料提供了有力支撑。文学的研究性学习活动是一种积极的学习过程。学生积极主动地探究，是文学研究性学习活动得以真正开展的关键。教师通过指导学生自主探究学习，让学生学会用审美的、多角度的眼光来认识、理解文学和文学作品；让学生认识到文学对人类发展的思考、对人生价值的观照和对人类情感的表达是有着极其重要的作用的，以突出语文学科作为人文学科核心课程的作用。

三、课题选择

研究性学习分为两种，一种是活动类研究性学习，另一种是学科课程类研究性学习。活动类研究性学习的选题比较广泛，更适合被诸如历史、政治等学科采用（如研究西部大开发问题，世界反恐行动，中东和平进程等），不太适合语文学科，尤其是文学课程。就实用性和可操作性而言，文学课采用课程类研究性学习似乎更胜一筹。

诚然，学科课程并非每一节内容都是适合研究性学习的，而且大容量的教学内容不允许搞太多的研究性学习。因此，选择恰当的课题激发学生"探究"的积极性就显得尤为重要。《欧美文学教程》中有一节内容重点介绍卡夫卡，他是20世纪欧美文学史上现代主义文学的代表人物，生前默默无闻，但身后被公认为"20世纪最优秀的作家之一"。他的家庭尤其是父亲深深影响了他的创作，他的创作又很好地反映了20世纪人类的普遍情感，同我们现在的时代及学生的生活与思想有很大的关联性。学生通过探究卡夫卡的人生轨迹、生活背景和人生理想，理解其文学作品，进行研究性学习，可谓趣味性、可操作性兼备。于是笔者在这一节内容的基础上确定了"卡夫卡与现代主义"这一研究性学习课题，以活跃学生的思维，学生通过自主探究活动深化对文学和社会人生的认识理解，提高自己的鉴赏与分析能力。

四、教学设想

卡夫卡是一个现实的例子，把他作为一个个案来分析、研究文学本来就是一种科学的研究方法。学习文学的目的是通过对作家、作品、思潮、流派的分析与研究，了解不同时代的人们的思想，了解他们的审美观、价值观及其对人类整体生存状况的关照，促进学生人文主义观点的形成，从而产生自己对于整个社会人生的看法与思索。要达到这个目的，就不能只让学生了解文学作品的作者、主要内容、主要人物、人物形象、主题思想等所谓传统教授的"文学知识"，而应该让他们真正学会用文学的、审美的眼光和方法来剖析鉴赏文学。文学学习的精髓是：对一个文学现象的理解与评价往往是随时代的迁移而变化的，任何文学现象的发生都有具体的背景及主客观条件，我们必须用发展的眼光来评价文学现象，卡夫卡这一文学巨人的出现也是如此。要求学生通过阅读体验与讨论，重新构建对卡夫卡的认识与理解，最好的方法是要知道多种声音，以逐步打开思路。

在指导这一课题时，笔者着重强调了以下几点。

（1）参与确定研究课题，引导学生制订研究方案。

（2）参与研究目标的制定，主要包括查阅资料了解特定的情境（知道卡夫卡生活的年代）；第一，建构一个因果关系网——要考虑到所有相关因素（卡夫卡忧郁、怪僻与荒诞思想的产生及其产生重大影响的缘由或基础）；第二，了解卡夫卡生活的家庭、社会及时代背景、政治背景；第三，了解卡夫卡的价值观、道德观及信仰；了解卡夫卡创作的动机、意图、情感等。通过第一手资料去系统考察并重新建构对卡夫卡的认识，形成自己的观点，即学生自己认为卡夫卡的文学创作到底是怎样的。

（3）组织学生利用网络资源收集资料、进行交流。

显然，在整个教学过程中，教师扮演了一名研究性学习的指导者、组织者的角色。其任务是为学生营造一个研究氛围，而学生始终是学习的主体。其教学流程为：教师指导学生制订研究方案；

把课题分解为若干子课题，安排不同的小组分别收集、整理相关资料，形成观点；展示成果；展开辩论，我眼中的卡夫卡是怎样的，卡夫卡与现代主义的关系是怎样；教师点评，落实本节知识点；学生完善自己的观点，写成小论文；师生共同维护、充实课题网站；对学生进行发展性评价。

五、网络环境的应用

网络环境无疑为现代教学提供了便利，从互联网上查询、下载资料，相互发送电子邮件，资源共享，简单快捷。目前网络环境下的教学有以下几种常见的模式。第一种，远程教学。师生背对背，通过互联网交流，该模式适用于个别化教学。第二种，课堂教学中采取人机对话，就某一问题展开网上讨论。但该模式容易使学生学习效率低下，课堂气氛沉闷。第三种，课前运用网络收集资料、研究课题，课堂上讨论，课后查漏补缺，检测学习效果，发表研究成果。

《卡夫卡与现代主义》是"网络环境下的文学课程研究性学习"这一课题的课例之一。笔者在考虑如何利用网络环境时首先考虑的因素是：实效性如何，学生的兴趣点是什么，技术要求有哪些，现有条件怎样，是否具有前瞻性和推广价值？

经过综合分析，笔者认为上述几种网络学习模式，第三种效果较好。第一种和第二种的网上聊天、讨论，既费时，又容易让学生看问题简单化、肤浅化，因为同样的思考时间，采用打字网上发表意见的方法，会使学生把相当一部分精力用在打字上，而非深入思考，因此效果肯定不如学生间直接面对面交流。第三种模式使网络完全成为一种辅助教学的工具。从课堂教学结构来看，这种模式使师生之间的配合更加密切，学生的主体地位更加突出，课堂效率也会大大提高。更重要的是，学生的兴趣不仅仅在于从网上搜寻资料，更在于富有挑战性地运用网络，比如，亲自参与网站的建设，拥有自己的主页。而建立主页的基本技能，学生只要稍加培训即可获得。学校里已建立了高质量的网络教室，进行网络教学已完全具备条件。因此，我把该课的最终研究目标确定为"卡夫卡专题网站"的建设。这种以建设专题网站为目标的学科课程教学，目前在师范学校语文教学中运用得并不多，但笔者认为，这种模式理念新颖，容易操作，因而具有一定的推广价值。

"卡夫卡专题网站"的建设是一项复杂的工程，非几堂课可以完成。但是，通过"卡夫卡与现代主义"这一课题的研究与实践，学生已经学会制作小专题主页，并且搭建起网站的框架，在今后的学习中，可以对这一框架不断地修改、补充，直到形成一个内容丰富的原创网站。在网站的建设过程中，学生的主动性、创造性被充分激发，其实践能力也得到了很大提高。更重要的是，学生会把学习与研究的过程密切结合，而其间衍生出许多值得探究的问题，会让学生进一步加深对语文和文学的理解，从而使文学学习达到一个新的境界：为了探究而学习。

参考文献：

［1］李冰霖."在线语文"：语文教育新概念［J］.课程·教材·教法，2002（9）：7-11.

［2］施洪燕.为"理解"而教学［J］.课程·教材·教法，2003（6）：43-44.

在古诗文教学中培养创新能力的
几点思考与实践

　　时代的发展和语文新课程标准的实施，对我们的教育和教学提出了更高要求，都要求培养学生的创新思维能力，而语文阅读教学在这方面显然是有独到的优势的。阅读教学最容易体现乃至形成学生的语文综合素养，我们应重视在阅读教学中对学生创新思维能力的培养。这种创新思维能力的培养在高中的语文阅读教学中，显得尤为重要，因为创新思维能力将对学生产生长远的影响。因此，在语文学习中必须重视对学生创新思维能力的培养。

一、鼓励学生善提问题，"问题意识"是学生创新的动力

　　创新学习应首先着力培养学生的问题意识。如果学生不善于发现问题、思考问题、解决问题，其创新精神、创新能力将是无本之木，无源之水。宋代著名学者陆九渊说："为学患无疑，疑则有进，小疑则小进，大疑则大进。"故学生在学习中没有问题就没有兴趣、没有思维、没有创新。问题出自怀疑，不怀疑就没有问题，不怀疑就不能见真理，只有质疑才能求异，才能另辟蹊径，勇于创

新。教师在教学中应引导学生学而思、思而疑，于无中生有，有中创新，激发学生进取、探索的欲望。如学习《古诗为焦仲卿妻作》时，我引导学生谈读后感受及对文中主人公的看法，学生就提出许多疑问。"兰芝既然才貌双全，贤惠大方，婆婆为什么要休了她？""焦仲卿既然是官宦子弟，又身为府吏，算是中产阶级吧，为什么连自己的妻子都保护不了呢？""他们死得太不值得了，压根就不应该去死，而应该离家出逃，去过自己的不受拘束的生活！"学张衡《归田赋》时，"张衡太软弱了，社会虽黑暗，但他不应消极逃避而应去努力拯救社会"……可见，学生学文章时都已深入文章中去了，已与文中人物情感相戚，有了自己的思索，因此问题也就接踵而来。

德国教育家第斯多惠曾指出："一个坏的教师奉送真理，一个好的教师则教人发现真理。"古人和今人的思想本已发生巨大变化，碰撞在所难免。学生提的问题未必是真理，观点也未必正确，但提出问题来，为的就是寻求真理。

二、鼓励学生自主学习，自主的根本目的是张扬个性，而个性是创新的前提

现代教学论认为，培养学生的创新精神与实践能力，是人的个性发展的需求。创新和实践的最终目的是使人性得到充分的张扬，使学生的人格得到完善和塑造，使学生获得生命的全部意义。

西方学者根据不同学派的理论总结出"学生在元认知、动机和行为方面都是积极地参与，其学习就是自主的"观点。而自主的直接表现就是个性的张扬。当学生根据自己的能力、学习任务的要求，积极主动地调整自己的学习策略和努力程度，学生对为什么学、能否学、学什么、怎么学等问题，有自己的意识和反应时，表

明学生的个性得到张扬，当学生的个性得到张扬的时候创新潜能才能开发出来。

因此，在教学中教师应充分发挥学生的主体作用，让他们有充足的时间进行自主学习，甚至借用图书馆、互联网等设施去查阅大量的学习资料，在浩如烟海的信息中甄别、择取自己需要的学习内容，为自己的学习服务。这个辨别、选择的过程是因人而异的，学生学习的自主性在其中得到了很好的体现。如在学习《项羽本纪·鸿门宴》时，我分析项羽的性格，沿用了传统看法：因为项羽骄傲轻敌、沽名钓誉、有勇无谋，所以导致了日后楚汉之争的惨败……有同学反驳说："从前文项羽击杀卿子冠军等事件来看，项羽并非有勇无谋。项羽是不屑于像刘邦一样，使用卑鄙手段，认为自己凭借正当手段就能打败刘邦，而刘邦也知自己并非项羽对手，不与项羽正面交战，偏要斗计谋、耍心眼。楚汉战争项羽失败，是因为他用高贵对付卑鄙，这是一场狮子和狐狸的战争，项羽输得光彩，刘邦赢得龌龊，因此，项羽是失败的英雄。"原来，他在网上看了一篇评论文章，看到了类似的观点，又读了《项羽本纪》全文，还做了深入分析，得出了这个结论。此观点一出，同学都对他相当佩服。这种佩服对学生而言是相当大的鼓励和肯定，使自己的成就感也得到充分的满足，可以激励学生更加注意进行自主的学习。我在课上肯定了他读书多、善读书的优点，同时请学生见仁见智地进行讨论，引导学生上了一堂文学鉴赏课。

后来又发生这样一个例子，我在讲写作应重视文章语言的提炼的时候，提到了那个文学史上著名的"推敲"的典故。我说唐代文学家韩愈曾劝贾岛将"鸟宿池边树，僧推月下门"诗句里"推"字改为"敲"，后人都称赞这个"敲"字改得好。没想到一个同学却站起来提出了自己的主张，他认为"推"字比"敲"字好，因为

"推"字能表明寺内无人，给人以孤寂感，况且还与上句的意境相协调。原来该学生在课下读到了朱光潜先生的一篇文章，将朱光潜先生的说法和自己的理解融合为一，得出了上述观点。我和同学们对这位同学大加赞赏。

从此之后，学生自主学习的风气越来越浓。这些小例子告诉我们，"推敲"二字究竟哪个较好，还可以再推敲。其他事情呢？也是如此。

三、提倡合作学习，合作学习是培养创新能力的基石

"独学而无友，则孤陋而寡闻。"语文教材中的文本有一部分是文言文，学生对文言文理解、掌握起来有很大的困难。在这种情况下，教师就应充分发挥主导作用，引导学生进行合作学习，自主地去解决各种问题，在学习中培养学生对文言文学习的兴趣。在教师的引导下，既可以选择生生合作、师生合作、共同探讨研究等不同的探究形式，也可以采用不同的探究方法，如由小组内到小组间质疑析疑、把相同的问题结成兴趣组深入研究、把问题分到能力组突破解决等。如在学习张衡的《归田赋》时，我让学生分组合作学习。课本上对"弹五弦之妙指，咏周孔之图书。挥翰墨以奋藻，陈三皇之轨模"的理解是"写了隐居山林读书的乐趣""弹琴著述的铺写表现归田的闲逸高雅"。一名学生提出：既然张衡所弹之琴、所读之书、所写之文都与古代贤人或君主有关，说明他并未忘怀官场，或者说，他在隐居生活中仍未忘记给想象中的贤君尽臣子的本分。很多学生思考后表示赞同。我在给予肯定的同时，顺势引导学生体会：这正说明张衡想归隐田园是出于无奈，是对现实不满的表现。

这种生生、师生间的合作交流和思维的碰撞，就产生了火花，

有了矛盾之争，在争论中培养了创新能力。由此可见，合作学习有利于培养学生的创新精神与创新能力。

四、提倡探究性学习，探究性学习是培养创新能力的重要途径

探究性学习，简单地说，就是指学生以类拟或模拟科学研究的方式进行的学习，学习的具体目的是"获取知识和应用知识解决问题"。在探究过程中，教师的教，不应显得太突出，更多的是教师引导学生去深入思考、主动探究；学生在深入思考和探究过程中，掌握了知识和培养了能力，寻找出解决问题的方法。这有利于学生的创新个性和创新能力的培养。

独立思考是追求真理的起点，学生敢于评判、敢于发表不同看法，就表明他们已开始具备探求真理的勇气。在学习《琵琶行》时，有个学生引用某资料的观点，认为"枫叶荻花秋瑟瑟"的"瑟瑟"应是"碧绿"之意而非课本上注释的"秋风吹动草木的声音"（引为"萧瑟"）。有的学生赞同这一说法，理由是这样理解画面更美——枫叶红，荻花白，秋水碧。有的学生还引用白居易的名句"半江瑟瑟半江红"来印证。我提醒学生要结合全诗来理解这个词。经过学生深入研究，认识逐步统一："枫叶荻花秋瑟瑟"是渲染一种凄婉的气氛，以秋天的萧瑟来烘托诗人内心的悲凉。因此，课本注释是正确的。比如，杜甫《春望》里"感时花溅泪，恨别鸟惊心"两句，究竟是诗人因感时恨别，见花落泪，闻鸟惊心，还是以花鸟拟人，花感时落泪，鸟恨别惊心？又如，欧阳修《醉翁亭记》里连用了21个"也"，这些"也"字都必须用吗？是否有的通过交换句式以后可以不用，有的可用别的助词代替？如此等等，都可以让学生在合作中进行探讨，在学习中各抒己见。学生在探究学

习的过程中，经过深入思考，思想中往往有灵感的火花迸发，学生的这些"火花"是极令人惊喜、令人珍爱的。教师要给予学生细心呵护，精心引导。

语文阅读教学能综合培养学生的创新能力，除了以上介绍的几种方式外，常用的方式还有许多，如情感性学习、激发性学习等。但是要注意，思维能力的训练，包括创新思维能力的训练并不是阅读教学的全部内容，也不是阅读教学的最终目的。语文阅读教学应具有其本该具有的丰富性，它追求的目标，从终极目标来说，还是人的素质的提高、技能的形成、态度的转变。因此，语文阅读教学还应讲究教法的多样性。

几种能力的培养不可忽视

一、培养发散思维能力

创新能力的核心是辐射状、发散状的思维，而不是线性的、条列状的思维。发散性思维的特点是多角度、多层次、立体地看待各种事物，多方向地展开思维，如同车轮的辐条一样，由一个轴心出发，辐条向周边扩散。发散性思维可以使人更全面、更完整地把握事物的性质、状态及其规律，预测事物的发展方向，灵活、巧妙、敏捷地解决现实生活中的问题。如学过《谭嗣同传》后，我给学生出了这样一个练习题目：谭嗣同被斩于闹市，周围观看的群众反应如何？请根据原文设想谭嗣同看到他们的反应后的心理活动。学生听了以后，都跃跃欲试，思维被开动起来，他们或凝目沉思，或低声交流，想出了种种不同的神态。有的学生甚至借鉴鲁迅笔下"看客的麻木"刻画"谭嗣同对变法的反思、渴望用死唤醒他们"的心理活动，非常精彩。

在学习过程中，由于学生的讨论、教师的引导，学生的思维会摩擦出许多火花，课堂教学时间有限，往往不能使每个人都能充分陈述自己的观点，我就鼓励学生把自己的观点写下来。有时我也让学生发挥想象写一些小作文。

这种思维能力的培养，关键是给准可让学生极力发散思维的点，并且通过点评、引导，使学生体会到这种思维的乐趣，从而逐步形成习惯。

二、培养想象思维能力

想象思维是经常用到的思维之一，想象思维能力也是语文能力的重要内涵。但是，目前语文阅读教学的最大失误，可能就是对学生想象思维能力的否定，这本身就是违背阅读规律的，因为想象是阅读中最重要的心理特征，想象也是青少年学生学习活动中最主要的心理现象。

《山居秋暝》是王维的一首名诗。王维是唐代著名的山水诗人，不但能作诗，而且精通书画和音乐。苏东坡曾论王维之诗画"味摩诘之诗，诗中有画；观摩诘之画，画中有诗"，道出了王维山水诗最突出的艺术特色。为了能让学生充分领略全诗（空山新雨后，天气晚来秋。明月松间照，清泉石上流。竹喧归浣女，莲动下渔舟。随意春芳歇，王孙自可留。）的优美意境，我在讲授前先请学生根据诗的绘景和自己的理解，展开想象，口头描绘一幅"山居秋暝"画。学生展开想象的翅膀，奇思纷呈，妙想联翩。

这样的训练，在语文阅读教学中随处可以实施。如在上课过程中，我还补充了：王维的"人闲桂花落，夜静春山空。月出惊山鸟，时鸣春涧中"，"独坐幽篁里，弹琴复长啸。深林人不知，明月来相照"；柳宗元的"孤舟蓑笠翁，独钓寒江雪"；韦应物的"春潮带雨晚来急，野渡无人舟自横"等诗进一步培养学生的想象力和审美情感。激活了学生的想象力，也就开启了语文通向缪斯神殿的大门。

三、培养批判性思维能力

"您喜爱的座右铭？""怀疑一切。"这是一百多年前，马克思的女儿和马克思的一次对话。这虽然是带有一点游戏性质的对话，但反映了作为思想家、革命家的马克思一贯的性格，那就是独立思考。作为一名中学教师，我很自然地联想到了我们的基础教育。我们当然不能要求我们教育的学生个个都成为马克思，但如果我们教育出来的大多数学生能够真正具备思考的能力、习惯和方法，那将是教育对民众素质的提高做出的最大贡献。批判性思维能力当然来源于一个人的独立思考，是阅读教学中创新活动的最重要的品质，阅读的评判活动就是一种批判性的创新活动。这也是目前语文教学中广泛缺乏的一种思维品质。而这种思维品质，最宜培养、发展人的个性，是培养创新精神最重要的前提之一。

独立思考是追求真理的起点，学生敢于评判、敢于发表不同看法，就表明他们已开始具备探求真理的勇气。学完《指南录后序》，有学生对文天祥的局限提出了不同的看法。有的学生说文天祥"辞相印不拜"以至丧失军权是失策，有的学生说文天祥"意北亦尚可以口舌动也"是轻信，甚至还有学生认为文天祥拼死挽救一个腐朽无能的南宋王朝不能算爱国……我鼓励学生各抒己见，同时引导他们用历史唯物主义的观点来评价历史人物。在争论中，有学生对文天祥的评价颇有见地：爱国总是具体的，一定时期的"国"总是通过一定的政府来体现；文天祥未必看不到南宋的腐败，但正是因为这样，他更希望拯救它、振兴它，这恰恰是他的忠诚之处和悲壮之处，千百年来人们敬仰的正是他这种誓死报国的民族气节。

这种思维能力的培养，关键是要肯定学生批判思维中的合理成分。在这些思想中，往往有灵感的火花迸发，学生的这些"火花"

是极令人惊喜、极令人珍爱的，教师要给予细心呵护，不要用"冷水"将其泼灭。

四、培养情感认同思维能力

看了这个标题可能感到有些别扭。但毋庸置疑，在阅读文学作品的过程中，我们每个人的思绪是飞扬的，情感是在不断起伏变化的。我们都有这样的阅读经验，读到某部文学作品时，我们往往进到了作品中描写的那个世界，被文学世界中饱含浓郁情感的意境吸引，从而发生一种情绪上的反应，或快适、或愉悦、或兴奋、或激昂、或悲哀、或愤怒……总之，我们是被感动了。

文学作品浸透了作家的独特审美体验，是想象与现实、作者与读者之间的中介。一篇文学作品可能包含多方面的认知因素，如哲学、文化、风俗、思想等。学生通过阅读文学作品与作家进行潜在的精神沟通。阅读活动就是一种对文学作品的认同活动和情感把握活动。每位学生对作品的理解往往是从各自家庭背景、接受能力、阅读体验、感悟理解等方面出发的，因此，认同情况会各不相同，甚至有的学生干脆对公认的文学名著感到一点也不理解、一点也不喜欢……教师在阅读教学过程中应不断地去培养和熏陶学生的情感认同能力。这种情感认同思维能力能帮助学生更好地理解、接受文学作品。学生人格的形成，智慧的提高，情操的陶冶，思想的集成，对生活的认识等，可能都是在这种阅读中不断丰富和深化的结果。

撰写研究性小论文培养学生能力

指导学生撰写研究性小论文，既是治学方法的综合训练，也是对学生独立钻研课文、形成独到见解能力的有效检验。

在学习《春之声》后，我要求学生撰文分析"岳之峰的意识流动"，讲《林黛玉进贾府》时，则布置"黛玉为何步步留心，时时在意"，"小议王熙凤的哭和笑"的小论文，学习王维的《山居秋暝》则要求学生"小议王维诗歌的山水田园特色"等。我允许学生写作时查阅有关资料，也可适当引用，但必须经过自己的理解并形成自己的见解，还要在文末注明主要参考资料。学生写这种文章不仅兴趣颇浓而且思维特别活跃，其主要原因大概是这类文章与一般的命题作文不同。在这个小论文撰写的过程中，我觉得最主要的收获是大大训练了学生几个方面的能力。

一、应用信息的能力

应用信息的能力一般包括从何处收集信息、判断什么信息是重要的、信息间是什么关系、怎样整理信息等内容。如果需要深入地研究某一个问题，应用信息的能力是一个基本条件。为了不使论文的撰写结果只停留在表层的体验上，教师培养学生应用信息的能力是十分必要的。

写论文需要资料和信息，而最直接、最方便的资料和信息来源是图书馆。能否熟练地利用图书馆，体现了一个学生的自学资质和个人研究能力。

在运用图书馆资料的时候，首先，教师要指导学生熟悉图书馆，了解图书馆的馆藏：大概有些什么样的书，这些书籍是怎样分布的，我需要的书大概在什么地方。然后开始寻找自己需要的资料。这样做的好处是在寻找自己需要的书籍的时候不会不知所措，也能使自己在下次运用图书馆中的资源时，会熟门熟路，游刃有余。其次，教师要指导学生在看每一本书的时候，应将全书做一个浏览：书名、作者、出版社、版权者、序、跋、出版说明等。这样，学生就对全书有了概括的了解，然后寻找学生需要的内容就方便得多。

学生找到需要的内容后，可先记下书名、页码，以便以后再看。急切需要的，可以摘抄，当然，也可以大段复印。不过在复印或摘抄时，不要忘了书名、作者、出版社和引用处的页码。将这些记录下来，作用有三个：第一，尊重他人知识产权；第二，方便查阅，不要到用的时候忘了出自何处；第三，让读者了解引文的来源。

二、协作学习的能力

小论文的撰写有时仅靠一个人的力量往往难以收集到丰富翔实的资料。这个问题通过学生间的分工协作就很容易解决。

协作即综合，综合即创造，这就是协作的强大生命力。美国的"阿波罗"登月工程是人类历史上空前的"大科学"壮举。该工程花了10年时间，参与的大企业有万余家，大学和科研机构120多个，先后参加研制的人员达400万之多。仅最后一年就花去了300亿美元。"阿波罗"登月工程使人类几千年的登月梦想成为现实，说它是"伟大的创造"一点都不过分；但"阿波罗"工程总指挥韦伯语出惊人，他告诉世人，整个工程用到的技术、材料及部件等都是现成的，成功就在于"综合"，是多学科、多领域的协同作战的结果。

小论文的撰写也是如此，学生的自主学习时间有限，拥有的个人知识及查阅到的资料也有较大差异。如果学生能把查阅资料的事情做一分工，有人负责到图书馆查，有人负责上网查，有人负责到校外图书馆查，然后大家将查到的信息资料共享，这有助于大家对研究的问题有更深入的认识。

合作学习论认为，学习是一个信息互动的过程。除了师生间的互动外，我们还应重视生生间的互动。生生间的协作往往会产生创造性的作用。生生间的衡量、对比会使他们相互促进、激发学习兴趣，使学生的学习劲头更足。

在协作撰写小论文的过程中，学生间可以互相交流、彼此争论、共同提高，既充满温情和友爱，又像课外活动那样充满互助和竞赛。学生间通过提供帮助而满足了自己影响别人的需要，同时，通过互相关心而满足了归属的需要。在协作中，每个人都有大量的机会发表自己的观点和看法，倾听他人的意见，形成良好的人际技能。

三、综合评价的能力

学生写的小论文，一般是以文学作品、人物、艺术和思想等方面为内容的，往往在最后要涉及综合评价的问题。学生一开始对一个作家或作品的认识由于受到自身年龄、知识等的局限往往比较片面或比较偏激，通过大量的资料查阅、深入研究后，思路开阔了，对以上这些方面的认识往往会更客观了，综合评价也就会更加全面。

当然，以上几种能力非一朝一夕就能获得，需要经过一个长期的知识积累和实际能力训练的过程。需要注意的一点是，我们在这里讲的指导学生撰写小论文并不是要求学生写出长篇大论、面面俱到的文章，着眼点是培养学生研究问题、综合评价事物的方法和能力。

朗诵，掀起诗词美丽的盖头

非常有幸，我和2019级学生成为第一届使用部编本语文新教材的师生。

新教材就像个新娘子，美丽优雅又充满神秘，既令人无限神往，又让人内心忐忑不已。内心忐忑的原因，自然是担心自己缺少对新教材的宏观把控，不免导致时间安排上的顾此失彼。比如，新教材与旧教材最大的不同是活动课增多了，口语交际课、演讲课、诗歌朗诵课……按照教材的要求，我们的课堂教学得多么丰富多彩啊，用好有声语言，加强对文字的理解，增强对美的体验，培养学生对文学的审美自觉，在运用语言过程中还可以推进思维机制的发展……多么美好的事情啊！

今年，应该举行朗诵活动课了，但我不敢贸然照做，原因很简单，课时远远不够用！学生活动多，平时训练任务重，光考试涉及的知识点林林总总多得让学生手足无措，教学节奏飞快，已经有学生感到吃力了。在这种情况下，我可以让他们停下来，欣赏一下文学之美吗？

可不做的话，我又是那么不甘心！那些美丽鲜活的诗词在呼唤着我们，辛弃疾用慷慨豪迈在呼唤，李清照用清丽婉约在呼唤，郭沫若、闻一多、昌耀、卞之琳、舒婷都用或长或短、深浅不一的调子在呼唤，连雪莱的《云雀》也在不断扇动着翅膀……他们争先恐后又不厌其烦地告诉我，学生有欣赏美的权利；告诉我，在学生最美的年华里，应该有最美的形式和最美的体验……

恰好，第一学期有一个周的学工时间，整体上说这段时间学生相对轻松，我们可以"奢侈"一下，举办个朗诵会。这个想法征得了校领导的同意，由教导处出面，学工基地安排了活动场地给我们。我把这个决定告诉学生，学生欢欣鼓舞。

万事俱备，只欠东风。要举办朗诵会，不是读一读就算了，一定要让学生读出理解、读出美感、读出热爱，要美美地读，投入地读，倾情地读。我先用一节课的时间，简单解析了两首小诗，示范了怎样用声音准确表达自己内心的情感情绪，讲解通常用到的朗诵技巧有哪些、常用的朗诵形式有哪些。利用学生吃午饭的时间，我把自己精心挑选的朗诵视频播放给学生看。热爱美、向往美，是人的天性，学生的眼睛闪着光，也许他们看到了那个自己想成为的人，站在舞台中央，绽放光彩。

临近朗诵会的日期越近，来问我的学生越多：我们班是周二中午朗诵吗？可以配乐吗？可以合作吗？可以……可以！都可以！只要你觉得你心中的感情能像黄河一样奔腾而出，只要你觉得在阅读中收获的悲与喜、哀与伤、朦胧惆怅、豪迈狂放，都能恣意宣泄或流淌，就可以。

终于站到了舞台上！我清晰地感受到他们的激动：有的迫不及待，有的犹疑胆怯，但都渴望有那么一次生命的释放。

节目都提前报给了课代表，课代表一跃成为金话筒主持人，我毛遂自荐做了摄影师，手机里播放着配乐。诗歌发烧友或激昂、或忧郁、或独诵、或合作，争相用不同的形式朗诵了自己最爱的诗歌。有些原本持观望态度的学生也按捺不住上场了。一个人不好意思，就两个人，两个人气势不够，就四个人；有准备充分脱稿的，有拿着课本上场的；一人的吟哦慢慢变成了一队人的高歌，温柔内敛慢慢变成了激昂奔放。后来，大家开始寻找那几个没有上场的学生，喊他们的名字，给他们鼓劲，邀请他们加入自己的作品中来。每个学生脸上都是自信、是欣赏、是投入、是享受。他们的技巧或许粗糙，他们的快乐却那么真实！诗歌真好，文学真好！它从不拒绝任何人，只要你喜欢，它就赐予你心灵的享受！

强子大概想树立一个酷酷的形象，他冷峻地上场，严肃地开口，结果忘了词，在同学们的笑声中破了功，请求重新开始。再上场，还是冷峻而严肃的，他在诗歌里忧国忧民，为山河破碎痛心洒泪："为什么我的眼里常含泪水，因为我对这土地爱得深沉！"柔弱的小娴内心住着秋瑾的灵魂，"苦将侬，强派作蛾眉，殊未屑"，不甘现实，不让须眉，渴望鲲鹏一样在天地中徜徉，才是真的你！最让我吃惊的是小玮，她平时沉默寡言、冷淡疏离，此刻站在台上却嘴角含笑、恬静柔和，完全换了副模样……班主任——教舞蹈的张老师和学生合作了一首郭沫若的《在地球边上放号》，气氛又掀起一个高潮，无数人涌到台上，来不及上台的在台下应和，台上台下合诵了一首《祖国啊，我亲爱的祖国》……

我看着这帮学生，我的镜头——记录着他们的样子，那些青春的模样既熟悉又陌生。他们还是他们，但又不完全是他们。有一种东西被唤醒了，从模糊到清晰，从微弱到磅礴，那些爱国热情，那些责任担当，那些友情亲情，那些思念惆怅……都在诵读中鲜活于他们的生命里，润泽着他们年轻的心灵。

这场朗诵会，帮学生掀起了诗词美丽的盖头，掀起了文学美丽的盖头，更打通了他们与诗词的心灵通道，那是世界上最美的道路！

②

以爱为丕 以优为荣

努力做一名学生喜欢的教师

——我的育人故事

我喜欢与一群朝气蓬勃的中学生一起奔跑在理想的道路上，回头有一路的故事，低头有坚定的脚步，抬头有清晰的远方。做一名学生喜欢的教师，这就是我的"初心"。为此我努力着、探索着、成长着。

当我大学刚刚毕业，怀揣着自信与对教育事业的热爱走上教师岗位时，就立志要成为学生生命中重要的人，让我的学生因语文的学习使生活变得丰盈、变得厚重，因语文的滋养使生活更加色彩斑斓。25年中，我一直为这个梦想而努力，追求充满个性的幸福课堂，致力于通过教学方式的灵活改进，学习活动的丰富设计，个人静享阅读时光和同伴合作互动探究的融合，不断提升学生语言感知、体验、表达和交流的能力，让语文成为每个人诗意的立身家园。

教学：为学生喝彩才能有我们自己的精彩

25年中，我讲授过外国文学、文学概论、写作、现代汉语、逻辑学、高中语文等多门课程。莫问辛劳有多少，耕耘自有新收获。多学科丰富而辛苦的备课、授课过程，不仅开阔了自己的眼界，丰富了文化学识，也成就了多门知识的融会贯通，还造就了课堂上的妙语连珠、信手拈来。

开始工作时，我对语文教学认识不深，认为课堂就是教师展示知识与才华的舞台，认为教师只要讲得好、讲得多、讲得广、讲得深，就是好教师。后来，在老教师的提醒指导下，在自己研读品鉴了许多名师课例后，我慢慢领悟到课文不只是语言知识、文学知识、文学知识图式的集合，语文课也不是将专业知识简单机械地照搬或下放，语文教学应该关注学生生命成长的需要，最终实现对人的全面培养。

我改变了授课方式，开始关注学生，注重探究式学习。我每次上课前至少设计三个值得探究的问题，并设想学生可能呈现的答案和如何追问；每个问题旁边都标注出多种答案，并思考如何设置有效的引导；上完每堂课后，我都冷静回放整个教学过程，写出详细的教学实录，在其中寻找学生学习的特点，寻找自己的失误和精彩之处。

有位学生谈学习《奥斯威辛没有什么新闻》的感受时说："这个故事促使我思考生活的另一面。我们现在的生活平静而美好，但其实生活并不总是这么温情如意。面对苦难，是为了促使人们更加向善。"学生从稚嫩心灵中流露出来的这些悲天悯人的沉重情怀，怎能不让人欣喜和感动，又怎能不感谢语文对学生心灵的启迪和触发？

在对课堂教学的不断探索和实践中，我的认识也更加清晰了：满足于课堂上教师"讲得深、讲得透"是远远不够的，重要的是让学生"学得深、学得透"；课堂不只是教师的讲坛，还是学生展示才华的舞台；教学的真正魅力在于教学相长，尊重学生才能促其快乐成长，为学生喝彩才能有我们自己的精彩。

在不断地反思探索中，我也在成长着，连年获评校优秀教师和师德标兵，多次执教省级观摩课、市级名师开放课，获全国信息化说课比赛二等奖、市优质课一等奖、市一师一优课一等奖。

我喜欢读书，也喜欢探索。我坚信文学会让学生从容优雅，如坐春风；逻辑会让学生独立思考，理性深刻。因此，在精心讲授课本知识外，我努力拓宽学生视野、开阔学生眼界，开设了"外国文学经典""趣味逻辑"等校本课程。于是，从《诗经》到《雨巷》，从希腊神话到后现代主义，从屈原、鲁迅到海明威、贝克特，从概念判断到推理论证……古今中外的名人名作都被纳入课堂教学，日常生活趣事也被改成逻辑案例，让学生与先贤大哲对话，让学生思想自由驰骋，滋养他们的人文气韵，培育他们的审辨思维。付出也总伴有甜蜜的收获，我根据课堂讲义编辑成的课程，获评为青岛市精品校本课程。

听评课：互研互学共建特色有效课堂

我还担任校督导室主任，负责全校"一师一优课"的听评课及教案汇总、课件整理、教研室反馈等工作，日常任务繁重，我每学年要课堂听课100余节，要逐条核对上课信息、协调上课教室、及时汇总课堂教学闪光点或不足处形成简报等。我天天忙碌辛苦着，但自己丝毫不敢怠慢，力争不出差错，多年走来，"一师一优课"成为全校教师教学水平展示的殿堂，也是学校里一道靓丽的互研互学风景线。在听、评教师公开课的同时，自己每年也积极开设研究课或示范课，与教师一起研讨反思，关注学生发展，共同探索符合艺术生特点的教学模式，创建富有艺校特色的有效课堂。

班主任：对待学生必须投入真感情

我曾遇到一名患饮食障碍的女生，时常情绪不稳，且经常迟到、早退、逃课。有一次，她犯了严重错误并且造成严重后果，但我仍然耐心帮她弥补，给予倾情帮助。这件事后，我收到她给我的一封信："张老师您好，我知道自己是一个很讨厌的女孩，大家都不喜欢我，……我觉得对不起同学也对不起您……我觉得自己很失败，连我自己也很鄙视自己，我做了很多很多错事……我是不是真的不可救药了？同学们还会重新接纳我吗？"这封信深深地触动了我，我发现她满不在乎的外表下藏着一颗细腻敏感向真向善的心。通过这件事，我更加认识到真正的尊严是敬重而非敬畏。教师真正的尊严，从某种意义上来讲，并不是我们教师个人的主观感受，而是学生对我们的道德认同、知识折服和感情依恋。

在班级工作中，我一直坚持这样做，从不轻易贬损任何一人，坚持"多把尺子衡量学生"，寻找学生身上的闪光点，带领学生创建优秀的班级文化，使他们踏入属于自己的优秀天地。他们热情、自信、乐观、向上，学习上积极进取，事事争先创优，历届班级无论是在学习上还是在管理上都是成绩优异的，连年获校"先进班集体""先进团支部""管理先进班""学习优胜班"等称号，多次被评为青岛市先进班集体和先进团支部。我也年年获得"校优秀班主任"称号，被评为校首席班主任，多次在市级会议上介绍经验。

有人曾说，每个不曾起舞的日子，都是对生命的辜负。回首岁月，梦想犹在；为梦起舞，未曾懈怠。

25年初心不改，一路跋山涉水，我永远是前行者；25年持之以恒，展望漫漫长路，我永远是起步者。

一路行进，脚步坚定；展望前路，未来可期。

"做一天学生"感悟

"做一天学生"活动是我校新学期进行的一项的创新活动，是倡导先进教育教学理念的一项措施。该活动让教师做一天学生，让教师在一个班级中体验接受一天教育的感受，让教师在课堂上用心听课，静心思考，换位思考。如何提高课堂教学效率？如何加强与学生的关系？如何采取更有效的方式去解决问题？如何让自己的教学工作显得更有意义？教师通过该活动反思自己的教学活动是否把学生放在主体地位上，是否把课堂还给了学生。

我在高二8班做了一天学生。

感受到教师上课很投入，学生学习很辛苦。

学生不仅每天学的课程很多，内容丰富，掌握起来难度较大，学习辛苦，而且每天时间特别紧张，心弦绷得很紧。学生为了实现自我目标，压力也很大，每天从早到晚努力拼搏，在压力中完成学业也必然辛苦。

教师上课时都非常注重教学的基本环节，教材熟悉，讲课流利，板书比较规范；认真构思创新，精心设计指导，课堂主题鲜明，内容前后呼应，充分体现出"以学生为主"的理念和精神；注重在学生"懂""乐""思"上下功夫，培养学生自主学习、自主发展的能力，突出学生主体作用。教师都很注重学生德育，帮助学生养成良好的学习习惯，创造学生思维活跃的空间，选择和运用实际有效且灵活多样的教法，高效利用教学练习时间，注重学生对知识的积极建构和合作学习等。

多数教师都注重培养学生的独立思想。独立的行为来自独立的思想。学生的想法与教师不同时，教师不要急于否定他们的想法，而是问他们为什么这样想，仔细听他们的陈述，让学生独立表达自己的见解。

一天的听课活动虽然短暂，对自己却有很多启发。

教师应更加注重培养学生强烈的责任心。如迟到、未完成作业、上课说话等都是因为学生责任心不强，这些现象说明学生既对自己不负责任又缺乏公众意识。

生活中我会发现，一些人责任心很强，另一些人则不然。现在有些教师不太重视培养学生的责任心，当学生遇到一些事情的时候，教师总想替学生完成。责任心是学生做人、成人的基础，因为有责任心的人，首先要有一定的道德水准，否则他们不可能对事情负责任。责任心也是做事情的标准之一，没有责任心就不可能认真去做事。

马卡连柯在《我的教育经验中若干结论》一书中说："我的基本原则……永远是尽量多地要求一个人的同时也尽可能地尊重一个人。"生命是一个复杂的有机体，学生是一个个鲜活的生命个体，我们要通过教育提升学生生命的质量。在教书育人过程中，我们要经常把自己放在学生的位置上，多想一想"如果我是这个学生"我要怎么办，这样一定会找到更好的办法或方式和学生共同成长。

第二篇 以爱为丕 以优为荣

61

让学生成为一个强大的自我

——读魏书生《乐在民主育人中》

　　学生的思想和动机的逐步形成，一是靠教师有意识地培养；二是靠学生对自我的充分认识，在成长的过程中自觉克服消极因素，战胜困难曲折，脚踏实地去追求美好的东西。前者是外因，后者是内因，如何使内因产生强大的驱动作用呢？魏书生的教育方法是引导学生充分认识自我，努力战胜自我。

　　魏书生体验到：人是一个广阔的世界。这不仅是一句话，而且是一种人生观念，一种人生境界。他在外地讲课后给学生签字，经常写的一句话即"人是一个广阔的世界"。他自感这是一句给人以力量、信心和勇气的话，不厌其烦地向自己、向自己的学生、向全国各地的学生宣传这句话、推荐这句话、强调这句话。因为这句话能使学生站在一个广阔又高远的立足点上看待自己，看待人生。于是他引导一届又一届的学生，反复写《我的心灵世界》这篇文章。有的学生写道："我的心中既有日月星辰，也有江河山川；既有风霜雨雪，又有花鸟草虫；有真善美，也有假恶丑；有懒散拖拉，也有勤奋惜时。我要发现那些广阔、自信、自强的部分，把握自我，做心灵世界的主人，把心灵世界治理得更文明。"通过写作，学生感受到自己内心深处确实同外在世界一样广阔。

魏书生教育学生很特别的地方是让后进生找到自己的长处，认识自己的长处。帮助后进生树立自信心，把他们的自信心建立在"长处"这个根据地上，这是班主任育人的重要任务。魏书生总是把注意力集中到学生的闪光点上，努力挖掘它，让它燃得更旺。他班上有一个从别的班分过来的成绩最差、十分顽劣的后进生，名叫张军。有一次，魏书生上公开课，请他翻译《扁鹊见蔡桓公》的第一段，可他才译第一句话便引起学生哄堂大笑。原来文章的"蔡桓公"被念成了"蔡恒公"。一般的老师会严厉批评张军不听课，责怪他丢了老师的面子。因为在他前面已有五位同学读译了文章，"桓"字的正确读音至少出现过30次，偏偏他还念错，被批评也在情理之中。但是魏书生没有生气、批评，反而从中发现了张军的长处，并表扬他："我发现张军同学有了进步，他开始独立思考问题了。"同学先是一愣，紧接着热烈鼓起掌来。大家理解老师的意思：上课时没有听课，这是他的错，但到他发音时，却能根据"桓"字的字形，想到"恒"字的读音，说明他是进行了一番独立思考的。这表扬不但使张军增强了信心，而且使其他同学也从中悟出一点道理。魏书生体会到：后进生比较自卑，缺点多，不缺少批评，缺少的是鼓励和肯定，找不到自己的长处。于是魏书生养成了一个习惯，要求凡是刚刚到班上的后进生必须自己找长处，否则就狠狠批评，直到找到为止。还是张军同学，他找了两天才找到自己心肠好，爱干活的优点。魏书生及时给予了肯定，这让张军非常高兴。在以后的班级劳动中，他一个人干的活比三个人干的还多，对学习也逐渐认真起来，渐渐地改变了抄袭别人作业的毛病，可以独立完成各科作业了。从此，张军的自信心植根于"长处"的土壤上，一点点地成长起来。

使学生坚信自己能够成功，让学生给自己"精神充电""精神加油"也是魏书生常用的方法。教师和学生在大型场合登台表演难免有紧张、怯懦的情绪，自信心显得不足。如何消除紧张情绪，鼓舞自己的斗志呢？方法当然很多。魏书生遇到这种情况，就叫学生挺胸，大喊三遍"我能成功"，要求最后一遍用尽全身力气高呼。学生在"我能成功"的声浪中，被"场效应"感染，互相竞争，互相鼓舞，怯懦、紧张的情绪被驱赶得无影无踪。学生效仿此法，遇上困难时，心中默呼几遍，也能使精神为之一振，劲头十足。

学生只有认识到犯的错误，找准犯错误的思想根源，才能纠正错误言行，把好人生航向。一般的教师往往采取批评、写检讨书，甚至把家长叫来等办法，但效果往往适得其反。魏书生根据学生犯错误的轻重，让学生写心理活动说明书（心理画像），或写心理病历，或唱歌，或做好事。对于写心理活动说明书，魏书生要求学生运用心理描写的表达方法，制作三张描绘心理活动的图片，每张图片上都要有两种争论思想。第一张图片，犯错误前，两种思想怎么争论；第二张图片，犯错误时，两种思想怎样交战；第三张图片，犯错误后，两种思想有何感想。魏书生要求学生写说明书一定要深入自己的内心深处，观察自我，发现两个不同的自我。写说明书不一定非说自己有错误不可，如果认为自己做得有理、做得正确，那就完全可以向自己的内心深处寻找辩护律师，说明自己这样做的根据和对人的益处。说明书和检讨书有什么区别呢？魏书生的一名学生道出了其中的奥秘：过去写检讨书，越写越恨老师；现在写说明书，越写越恨自己。是呀，说明书里那个好思想最终是会战胜坏思想的。

高中的三年是学生习惯形成、能力提高的重要时期。魏书生的班主任工作经验将指导我努力成为一名优秀的教师。一滴水就是一个海洋，一个学生就是一个世界。作为一个班主任，我要为学生搭建一个展示自己的平台，让每一位学生都能在班级里得到发展，形成自己的特色。教师不能因为害怕学生出乱子就不许学生参与。教育是一项可以给人以双倍精神幸福的劳动，我正享受着教育学生的幸福，而使学生快乐、健康成长就是我们教师的首要任务。让我们的学生自主学习，享受快乐的人生吧！

舞尽风流天地宽

"爱"应是班主任一切工作的出发点，也应是师生关系的最高准则，不仅要师爱生、生爱师，师生更要互敬互爱，这样方能心气和顺，诸事有成。"爱"可以激发每个人强烈的自觉自律意识，形成共同的奋斗目标，形成优良的班风学风，使每一个班级成员都能发挥内在潜能，发展健康个性，真正成为班级的主人。

山东省五年制师范学校设立大专班已有多年，从设立时起大专班就成为各师范学校教育教学工作的重要组成部分。大专班在培养学生扎实深厚的知识、全面丰富的能力、良好积极的行为习惯等方面均起到了重要作用。但大专班学生的管理与中师班学生相比明显不同，存在一定难度。现在的五年制师范学校实行"3+2"教育教学模式，即由前三年的"中师教育"加上后两年的"大专教育"组成。前三年，所有学生所受教育相同，学习的课程也完全相同，不分专业类别，全面学习基础知识，全面接受教师技能的综合训练。后两年，则根据学生的个人爱好和志愿选择，分为不同的专业（如文、理、英语、微机等）班级，这时学生有了专业上的差别，学习的课程也大不相同。

学生进入大专后，因为年龄和专业的变化，加上生理和心理的变化，还要面临诸如实习、毕业、就业等现实问题，再加上这些学生在本校已学习、生活了三年的时间（大专阶段仍在本校学习），他们对学校里的所有一切都了如指掌，所以在遵守纪律、学习态度、学习习惯等方面都会不自觉地放松，甚至放纵，这给管理带来较大难度。管理大专班学生是一项富有挑战性的工作。

在过去的几年，我担任了多届大专班班主任，在与学生的交往中，我注重与学生心与心的交流，注重同学生建立良好的师生关系，注重对学生的全面培养，所带班级多次被评为市、校级优秀班集体，几年下来，我在管理方面有不小的收获并积累了一定经验。下面我以2006级文专班为例，谈一下自己的管理心得。

在过去的两年，我担任2006级文专2班班主任。经过两年的精心培育，班级的各个方面均取得了令人刮目相看的成绩。在这个班里，每个人强烈的自觉自律意识，和谐健康的人际关系，共同的奋斗目标，优良的班风学风，使每一个成员都能最大限度地发挥内在潜能，发展健康个性，真正成为班级建设的主人。"当勤思苦学，须励志博能"的班训是学生学习的动力和方向；"有激情，有热情，有创造"的信念是班级充满活力的保证；强烈的班级凝聚力，使班级各个方面管理工作出色，奏出了一曲曲优美的乐章。

班内有个口号，是学生自己想出来的："以爱为圭，以优为荣。"从始至终，学生一直精心实践着这个口号，不断进取，争先创优，创建着自己的班级文化。班级曾连年获得校"管理先进班""学习优胜班""先进班集体""优秀团支部"等荣誉称号，在各项文体活动中几乎无一例外地取得令人刮目相看的佳绩，而且在活动中以饱满的精神，新颖的创意表现出了鲜明的班级特色。

两年里，我们班有四名学生获"山东省优秀毕业生"荣誉称号，八名学生获"青岛大学师范学院优秀毕业生"称号，四人获

"国家励志奖学金"，六人获"国家助学金"，获奖名额均为各班名额的两倍以上。

正是由于以上的优势，二年级时班级在全校三十多个班级中脱颖而出，被评为"青岛市先进班集体"。回首两年来与学生相处的日子，我觉得以下几点是自己着力去做的。

一、带班理念——培养和谐而又充满活力的人，创建和谐而又充满活力的优秀班集体

从刚接这个班级时起我心里就有一个梦想：两年以后我带出来的学生应该是激情的、热情的、诚实可信的、有责任心的、积极进取的人。只要他是一个人格健全、诚信、负责任、有进取心的人，即使他的学习不怎么好，即使毕业时当不上教师，到了社会上他也能积极地工作生活，能够最大限度地发挥能力、创造价值。

这样的一个基本的教育思想确立后，我觉得两年的时间是可以影响学生的。我凭什么影响他们呢？信任。

不管是做人，还是做事，我以信任为重。和学生交往，说是教育指导也好，说是管理规范也罢，我始终相信他们是一个个纯真善良的人，他们是一个个向善、求真的好孩子。有了这个基本的价值判断，言行中就会有意无意地表现出对他们的尊重。学生的心是敏感的，他们能从你的言行中知道你对他评价的真诚与虚伪，能从你的信任里感受到你对他的肯定，理解到你对他的爱和希望。这种对生命的尊重，对个体需求的肯定，对情感价值的信任，是教育的最佳力量，是学生求知做人的动力。现如今，学生的生活中已经没有需要咬牙苦熬的物质困难的磨砺，思想上也不需要信仰的干预，这种信任——信任他们内心深处有一股向善、求真、务实的愿望，就是教育和自育的动力。

有了"信任"这样的思想做基础，具体的教育原则就水到渠成了。我处理班级事务就本着理解和宽容的原则。人食五谷杂粮，有七情六欲，谁没个喜好厌恶、倦怠疏忽？大人如此，小孩尤甚。是每事必究，严厉斥责，还是善意提醒，宽容处理？我选择的是宽容。这样于己不温不火，免伤身体；于人感激感恩，警惕再犯。

在这个理念下，我制定了一些管理班级务实的措施。我们知道，班集体构成有三个要素：目标、制度、管理机构。遵循我的教育理想，我的班级目标就是诚信、团结、激情、进取。

我规定的制度比较灵活，总体来讲，是靠班级的舆论。比如，我让每个学生列出自己不喜欢的人和事，总结出这个班级最不能容忍的人和事，形成班里的文明公约。因为这个公约是全班学生共同讨论得出的，是行使民主权利的结果，所以每个学生都会坦然接受，当然也就比较有实效。班级每学期都进行"最热心班级同学""金点子同学"的评比活动，每次选出若干名学生，然后在班内大张旗鼓地奖励，奖品虽是笔记本、签字笔之类，不是很值钱，但我们在发奖时郑重庄严地放颁奖乐，营造那种令人激动的氛围，得奖的学生感到很自豪，下面的观众很震撼。只要学生的心灵被触动了，就会对他们的行为产生激励，这一切便在无形中使班级的凝聚力大大加强。

管理机构——班级干部的选择，我不求成绩最好的学生，但求正直、大胆、热心的学生。正直是做事公正的前提，大胆是做事有开拓、有魄力的前提，热心则是做事的激情和热情。班级干部的任职也不是固定不变的，不搞"终身制"，在每学期开始，班级都会进行一次班干部民主竞选活动，我鼓励学生大胆尝试担任不同的职务，锻炼多方面的能力。

现在看来，我基本上实现了带班之初的想法，我的班级形成了

"诚信、团结、激情、进取"的风气，我的学生也基本上做到了讲诚信、有责任、积极进取。

二、班主任态度——对待学生必须投入真感情

感情不能取代教育，但教育必须充满感情。受到学生肯定的教育，首先是充满感情的教育。一个受学生衷心爱戴的教师，一定是一个富有人情味的人，一个能够用爱心唤醒爱心的人。离开了感情，教育会变得空洞苍白、枯燥无味。但这种感情，不是装模作样的平易近人，也不是教师对学生居高临下的感情恩赐，而是朋友般平等而真诚的关怀和呵护。

比如，我班有个同学在入学之初曾经连续撒谎，军训和上课期间连续二十多天不到校。后来我建议学校对她的错误进行严厉处分。这个事情在班内、班外引起了轩然大波。当时为了顾全学生名誉，我没有过多向他人解释事情的原委，为她背了很长时间的黑锅，后来这个孩子终于明白了我的良苦用心，主动同我和解，给我写了一封情真意切的长信，承认了自己的错误，并非常感谢我为她的默默付出。

被称为"仁慈天使"的特里莎修女曾说过，我们做不了什么伟大的事情，但是我们可以用伟大的爱去做小事情。其实"心怀大爱做小事"也是我们教师工作的写照。有时在你看来是一件微不足道的小事，就有可能使学生获益匪浅；有时你一句不经意的表扬，就有可能改变一个学生的一生。教师就是爱的奉献者，请务必记住以非凡的爱去做平凡的事，用最真挚的心去帮助、引导我们的学生，我想在"爱"的呵护下，他们就会张开有力的翅膀，在天空中自由地翱翔！

三、班级特长——读经典的书，做有根的人，打造书香教室

书籍是文化传承的通道，是人类进步的阶梯。从一定意义上来说，读书就意味着教育，苏霍姆林斯基曾经说过，要无限相信书籍的力量；如果想减轻学习负担，就应当让阅读的东西比记住的东西多两倍，甚至多四倍至五倍，如果真想减轻学生的脑力劳动，就应该让学生走到学校的图书馆的书架跟前，让书籍从沉睡的巨人变成学习时代的挚友。

我也持这样的看法，文学作品总会影响人的心灵和行为，帮助人提高思想境界、净化灵魂和增强生活的信心与力量。面对作品中表现出来的善与恶、真与假、美与丑，读者总是与自己的生活、思想相对照、相比较，从而唤起心中的是非感和道德感。而且，在学生这个年龄段，如果没有一个持久的目标，如果没有一个恒久的事情去做，很容易在精彩的现代生活中流于浮躁甚至庸俗，他们的日常时间很可能因为无聊而需要网络游戏或者早恋去打发。

所以从一入学开始，我就着力于对"书香教室"的打造，倡导学生以读书对抗浮躁，推荐大量优秀文学作品丰富学生的生命和心灵。提出读书的目的"读经典的书，做有根的人"，读书的口号"与经典同行，打造人生底色；与名人对话，塑造美好心灵"。

有同学在长期坚持阅读后，饱含深情地在读书笔记中写下了这样的感受："伟人就活在你的心里，尽管他们与你生活在不同的时代、不同的国度，说着不同的语言，却几乎时刻伴随在你的精神世界中，遥远而又亲近。他们或许在你千万次的寻觅与热切的呼唤中出现，或许在某个不经意的时刻与你相遇，但不管怎样，他们的存在对你的一生有着非凡的意义。你与他们之间有着某种意会与神

交。当你平庸，当你颓废，他们的言行就像一触即发的火药，每一次炸响都会让你卑微的灵魂在粉碎中再生；当你迷惘，当你无助，他们高贵的品德就如同飘动在高处的旗帜，每一次招展都将令你幡然醒悟，从而畅快淋漓地感受生命的真谛。你把他们视为精神的引领者和行为的楷模，不由自主地追随着他们，每一次与之相遇，你便会强烈地感受到精神的震撼。"

许多学生都发出过类似的感慨："阅读把我的思想塑造得更深刻，把我的理念和人生价值观提升到更高的位置。""书籍是我们前进的力量，阅读给予我们无价的财富。"

这是最让我欣慰的事情。我希望许多年后，他们回望自己的青春岁月，不是因为苍白而悔恨，而是因为充盈而怀念。

四、班级实践——将根须融入社会，用真诚写就真爱

前面说过，"以爱为丕"是我们班的口号，是学生的创意，里面嵌有我的名字。但这个口号绝不是学生为讨我高兴而设的，它不简单也不幼稚，很精辟地概括了我们的班级精神。何为"丕"？"丕者，大也"，"以爱为丕"，即"以爱为大"。所以"爱"是我们的最高准则，不仅要师爱生，生爱师，更要有超出这个范围的"大爱"。

我认为，一个大专生，仅仅在象牙塔中读点书，谈感恩是远远不够的，尤其是将来要"为人师表"的师范生，要有强烈的社会责任感，要有浓郁的爱心，要有悲天悯人的情怀。平日我对他们强调"家事国事天下事事事关心"，在2007年12月，我们班更是将理论付诸了实践——在青岛市向阳路步行街组织了"爱心为春蕾绽放"的义演募捐活动。那天很冷，学生走上街头，以热火般的激情，在现场表演了自编自导的健美操、集体舞、小合唱、吉他弹唱、模特

表演等精彩节目，场面热烈而温馨，过往行人纷纷驻足观看，他们争先在留言板上签上自己的姓名，并且慷慨解囊，为"春蕾女童"献上自己的爱心。活动募得善款600余元。这次活动好评如潮，还被电视、网络广为报道，传为佳话。学生通过这个活动真正感受到了奉献是一件高尚而幸福的事情。

五、毕业前期——踏实学习，不畏浮云遮望眼

大专二年级的下学期，学生临近毕业。一方面，他们马上就要挣脱学校的束缚，难免有些骄矜；另一方面，一些平日不去想也不愿意想的现实问题忽然堆到了眼前，如就业和生存问题。因此，这段时间是班级最难管理的时候。一些学生很清楚自己当上教师的希望十分渺茫，所以对什么"试讲""实习""基本功展示"等事情已心不在焉，觉得做得好不好无所谓。用"得过且过"形容一点都不过分。

我很怕我的学生也出现这种情况，经常提醒他们：与其破罐破摔不如扎扎实实地学点本领，背负一身本领到社会上去，比行囊空空强得多。他们表示认同。所以总体上学生毕业前的状态非常好。几个周的"试讲"包括"试讲比赛"，所有的小组都是全勤；不管是哪个班的学生在台上讲课，我们班的听众总是最多的，表现总是最好的。各任课教师纷纷对我们班在最后时期的状态表示满意。

其实这是一种惯性使然。从入校开始的一系列管理把学生的思想、行为和习惯都引导得很好，学生已习惯了通过不断学习来厚实自己的功底、拓宽自己的视野，甚至也习惯了对于一些除此之外的东西宠辱不惊，只重视内心的修炼，自然水到渠成。如果停下来他们就会觉得很茫然，很不对劲儿。我想这也体现了德育的力量。德育从来不是一蹴而就的，从来不是"头痛医头，脚痛医脚"的，它

是一以贯之的思想的浸润和渗透。

所以我现在想起我的"06文2",觉得他们不是从头到尾的好,而是越来越好,这种进步好像物理学中的加速度。这让我想起那句古诗:"漫卷诗书行吴越,舞尽风流天地宽。"这应该就是我们"06文2"的写照!

参考文献:

［1］李镇西.爱心与教育:素质教育探索手记［M］.成都:四川少年儿童出版社,1998:97-106.

［2］苏霍姆林斯基.给教师的一百条建议［M］.天津:天津人民出版社,1981:49+52.

［3］周成平.高中新课程给教师的100条新建议［M］.南京:江苏人民出版社,2007:126-128.

［4］魏书生.乐在民主育人中［M］.北京:高等教育出版社,2009:10.

一名"另类"女生的转化策略及反思

一、故事背景

新市民越来越多，其子女教育也一直是一个不容回避的现实话题。现今的新市民子女相比以前而言，无论生活条件还是学习环境都有了巨大进步和改善，这些孩子大部分都受到了良好的教育，不管在智力方面还是其他综合能力方面都得到很好的发展，这是相当令人欣喜的。但是，大多数新市民受教育程度低，在城市中从事的工作往往较累、较苦，工作时间较长，工资待遇较低，这些客观因素对家庭中孩子的成长都有一定的影响，因为有很多新市民家长因上述原因而无暇关注、照顾到孩子，所以"问题"孩子的出现也就不足为奇了。

我的班里就有几位新市民子女，总体上这些孩子的发展很好。但有一个女生有些与众不同。可能是平时父母工作时间太长而忽略了对她的教育吧，她特别调皮，从入校时起就有浓重的厌学情绪。她对学习不感兴趣，心不在焉，有时会逃课；上课时坐不住，不停地左转右晃，课堂上安静听讲的时间很少；搞恶作剧，想稀奇古怪的事，讲粗话，爱打闹（这是经常发生在她身上的事，往往一个人会影响周围许多人的学习）。总而言之，她虽是女孩，但缺少女孩子身上常见的含蓄文静，有的只是如调皮男孩一般的性格，甚至比调皮的男孩还调皮。毫不夸张地说，仅她一个人，就使我们班的班风大受影响。

二、寻找症结

我想一个学生在日常学习生活的各个方面都存在问题，其中肯定有深层次、多方面的原因。对症下药往往事半功倍，因此查找问题出现的原因成为我教育感化这名学生的首要工作。

我通过多种途径了解到了她的一些情况，这些情况简直令人"吃惊"！

她母亲单位离家远，工作也比较忙，一周只能回家一次，忽视了对孩子的教育；父亲从她小时候就注重对她的教育，但父亲性格柔和、教育缺乏力度，常常管不住她，长时间管不住之后就失去了耐心，后来对她干脆撒手不管了。所以家庭对她精神上、心理上及学习上的指导都极为匮乏。另外，据她母亲讲，她在小学时经常与别的小朋友打架，也因此经常受到老师的批评、责怪，久而久之，她的脾气就变得越来越古怪了。初中二年级开始，她又整天嚷嚷着减肥，每天吃饭很少，导致营养不良；这还不算，为了达到更好的减肥效果，在吃饭很少的基础上还吃减肥药，结果把自己的身体彻底搞垮了，内分泌紊乱、失调；后来演变为暴饮暴食，而且暴饮暴食后又不断呕吐，得了严重的"饮食障碍症"，脾气变得更加异常。老师仍然管不住她，也就不再管她，她就干脆破罐破摔，变本加厉，更加难管。此外，她的心理还很敏感，她对人充满敌意，既自卑又自尊，觉得老师轻视她、同学厌弃她，对老师的教育回避对抗，对同学的态度蛮横粗暴。（事件的本真情况就是如此，对事件的描述不带任何夸张的成分，它的的确确地存在着。由于父母拼命工作以及其他原因而疏忽了对孩子的教育的事例，在我们身边还在不断发生着……）

在对其进行了深入的了解和分析之后，我认为该学生虽然有脾气古怪、敏感复杂等缺点，但优点也很明显，如很聪明、脑筋转得快、点子多、号召力强等。我想，只要从"爱"入手，从耐心做起，言传身教，动之以情，深入了解她的心理活动和情感需求等，肯定能让她有所转变，也说不定会使她受益终身。

三、言传身教始于足下，真爱无价促成良习

为了帮助这名学生，我从以下几个方面做了一些细致的工作。

（一）用爱心滋润她的心灵

爱是包容，爱是滋润。常言道：琢玉要先爱玉，育人要先爱人。用真挚的情感温暖学生，可以提高教育的可接受性，有利于调动学生的积极性，达到事半功倍的效果。心理特殊的学生往往更需要爱和真诚，需要情感和心灵的沟通。我分析了这个学生的情况后，认为这个学生之所以情绪这样不稳定又不服管教，主要原因是她心里觉得自己并没有像其他学生一样得到应有的尊重。我决定用真诚的爱去激起她情感的浪花，医治她心灵的创伤，解除她敌视教育的心理障碍。我首先要做的事情，就是尽快稳住她的情绪，让她觉得老师是尊重她的。要做到这一点，"晓之以理"不如"动之以情"奏效快。知道了她以前的经历后，我就彻底改变有时气极了当着全班学生的面斥责她的做法，以维护她的自尊心，并在平时多方面关心她、接近她、鼓励她。记得有一次上我的课，她不听讲，在悄悄地玩她从学校小池塘中捉来的小金鱼，并时不时边玩边偷着乐。我发现后并没有训斥她，而是悄悄把她叫出教室，和风细雨地告诉她小金鱼也有生命，也和我们一样喜欢自由，让她把小金鱼放

回池塘，并提醒她要认真上课。当时，她刚一出教室的时候，高抬着头，眼瞧着天，一副不屑的样子，原以为会像以前一样受到一顿雷霆般的训斥，没想到这次老师却和风细雨、不急不火。她的眼泪一下子就涌了出来，高兴地把小金鱼放回了学校的小池塘。

这些事让我更明确地认识到，一个后进生更渴望爱的抚慰，师爱是他们健康成长不可缺少的阳光雨露。正如苏霍姆林斯基所说，教育的核心，就其本质来说，就在于让学生始终体验到自己的尊严感。

（二）从点滴小事教起

进出办公室大摇大摆，不懂得和老师打招呼。这是发生在她身上的千真万确的事情。记得第一次叫她来办公室，她进门时不喊"报告"，也不打招呼就进来了，等到出门时，她也没有同老师说"再见"就径直离开了。开始时，我想她可能是很不情愿到办公室来，因此心里赌气，不愿跟老师打招呼。后来她又到过办公室几次，每次都是如此，连她心情好的时候也是这样。于是，我意识到她虽然是高中生了，但可能连最起码的礼貌习惯也没有养成。

我就单独同她谈话，问她为什么这样。果然，她并没有觉得自己这样做有什么不妥之处。后来在我耐心、温和地告诉她这种事应该怎么办后，她很爽快地就答应了。从那以后她再到办公室或见到老师时，礼貌很周全。

可见，很多事情并不是她不能做好，而是她不知道怎样做才是好的。因此，我就手把手地从点滴小事教起，如她课桌内的东西经常放得横七竖八，爱在上课时玩小玩具的不良习惯等，都在我的督促和帮助下，慢慢改掉了。她妈妈高兴地说："孩子自从上了高中以后，越变越好了，比以前利索多了，回家也知道帮家长做家务活了。"

（三）培养其正当爱好，加强修养

通过长时间的相处，我发现她文体素质好、精力旺盛，但喜欢东拉西扯、讲粗话。如不把她旺盛的精力及时转移到正确的轨道上，她就会自寻乐趣、惹是生非。根据她的这个特点，我想了几个办法，以把她过盛的精力转移到健康的兴趣和爱好上来。我利用休息时间与她一起踢毽子、打羽毛球等，引导她参加有益活动，锻炼身体；指导她阅读文学名篇，增强文学修养，提高自身品位，慢慢改掉讲脏话、粗话的毛病；语文课上多给她朗读和回答问题的机会，锻炼她的口头表达能力……这些活动在培养她正当爱好和兴趣的同时，增进了她的身心健康，减少了她的游思妄想，更重要的是减少乃至割断了其他不健康因素对她的影响。

（四）与她同桌，培养其学习兴趣和习惯

她上课时坐不住，爱做小动作，没有安静的时候。针对她的这个特点，我白天没有时间管她，晚上自习的时间，就专门在教室中与她同桌学习。她学习，我备课。我通过这些措施来约束她，让她养成心静的习惯。说起来容易做起来难。由于以前自在惯了，所以她老是坐不住，总想左转右转，即使我这个班主任就坐在她身边也不行。我就在旁边经常提醒她。刚开始的半年时间里，因为有我在旁边看着她，她坐在座位上不能自由活动，常常急得抓耳挠腮，浑身难受，样子非常可怜。心静是学习好、工作好的前提，毛毛躁躁往往一事无成。

潘大益在《家庭美育》中也说过："坏习惯有一种惰性，非严格要求不能矫正；好的习惯不易接受，非严格要求不能形成。"我毫不松懈，日复一日地与她同桌学习。经过近一年的努力，她有了很大改变，现在基本能安静、投入地学习，成绩也有了明显提高。

（五）从表扬长处入手营造积极进步的氛围

"人类本质中最殷切的要求是渴望被肯定。"哲人詹姆士精辟地指出人的精神生命中最本质的需要就是渴望被肯定。

每个学生都有优点，教师应善于发现学生的优点。与好学生相比，后进的学生尤其渴望得到表扬鼓励，得到认可尊重。因此，我下了一番功夫对其进行了全面深入的观察和了解，努力发现她的长处和闪光点，注意她的变化和进步，并及时表扬，还适时地创设条件让她发挥长处。比如，我发现她在班中的地位很特殊，同学们都有些惧怕她，我就安排她当班里的纪律委员，维持自习课的纪律。她上任后不仅班里的纪律好多了，而且在管理别人的同时她自己也有了约束。又如，我利用她嗓门大、说一不二、鬼点子多的特点，比赛时安排她当啦啦队长，给全班同学加油鼓劲。从此只要有比赛活动，我们班的啦啦队就是最壮观的——她不仅能把本班的啦啦队员组织得很好，有时还能把邻班的好朋友拉来一起帮忙！

经过这些事情，她看到了班里的变化，也看到了自己的变化，意识到了有一分努力就有一分收获，体验到了成功的喜悦。尤其发现在老师、同学眼里，原来她是重要的、受尊重的，她的上进心被调动、激发起来，开始踏上了健康成长的轨道。

四、收获与反思

在进行了长期不懈、耐心细致的工作后，该学生发生了巨大变化：待人接物由原来的粗鲁暴躁变为现在的温文尔雅，大方得体；在教室中不再搞恶作剧；上课专心听讲，学习劲头明显提高；班内其他同学对她更加了解，不再嫌弃她，大家的关系更加亲密了。父母说她比以前懂事了，娴雅文静了。

精诚所至，金石为开；言传身教，春风化雨。在做工作的过程中，我深深体会到教师的"爱"具有无穷无尽的力量。教师就像雕塑家，只要耐心精细地去雕琢，一块顽石也会转化为一件艺术品。我还深深体会到转化后进生尤其是心理特殊的后进生的工作是长期的、复杂的、艰苦的，就像攻克堡垒一样艰难，但只要我们充满信心不放弃，用教师的爱和责任感去感化学生，就一定会获得成功。

以人为本，启发激励

——关于学校日常德育工作的几点思索和建议

德育是素质教育的核心，是中国人民的"魂"。中国是一个崇尚道德的国家，有着优秀的文化传统和浓厚的文化积淀。阔步向现代化迈进的中国，进一步确立了"德治"在现代文明进程中的地位，这将对我国社会主义事业发展产生深远的影响。大中小学德育工作尤其是师范类学校的德育工作是一项重要的奠基性工程，关系民族的命运与国家的兴衰，我们必须认真研究，更新观念，狠抓落实，以切实提高德育水平（包括教育者和受教育者）。

一、审视德育的发展，树立"以人为本"的理念

道德的作用不仅是一种"约束"，而且是一种"张扬"；应当促使"人之为人"，促进人的完善与发展。作为培养人的社会活动，德育必须把实现"人"的全面发展和个性的全面发展作为其根本任务。

在西方，人在社会中的主体地位的确立是从文艺复兴时期真正开始的，人文主义者首先肯定以"人"为中心，反对以"神"为中心；经过启蒙运动和近代社会的进一步发展，现代西方社会终于形成了充分尊重个人价值、个人存在以及个人尊严的社会理念，发展

历程极其漫长而艰苦。

我们的德育必须考虑怎样更多地给学生带来对生活的感悟、对幸福生活的追求；应该通过教育，使人对人的发展、成长有更多的关注、更多的促进。我们在这里提出"以人为本，启发激励"的德育思想，旨在摒弃以往在德育过程中的偏激做法，重视在德育过程中的引导和激励，使学生把德育上的自我完善真正看作各自本身的内在需求。

二、优化德育的过程，形成"全员育人"的氛围

毋庸讳言，德育工作不能仅靠空洞说教，它需要载体。中小学德育如此，师范学校的德育更应强调对载体的精心设计，因为空洞的说教往往会流于表面，起到的作用非常有限，而借助一定的媒介则会达到很好的效果。

笔者认为，当前，在德育中尤其要重视以下两大问题。

（一）在加强德育本体课程建设的同时，还应整合其他课程中的德育力量

各级各类学校都设有德育本体课程，这毫无疑问。但对于德育本体课程是不是起到了真正的作用，答案并不一致。德育本体课程的实施，的确使我们的德育工作取得了很大的成就，但也不可否认，学生在思想上还是存在着各种各样的不尽如人意的情况，我们身边可能随便就能举上几个例子，如自私、撒谎等。

问题出在哪儿？我想，德育是一种"育"，不能仅依靠德育本体课程的力量，在加强本体课程建设的同时，还应整合其他课程的力量。

1. 德育教育与各学科课程教学相结合，充分发挥课堂教学中的德育功能

新课程改革"有一个核心理念：为了每一位学生的发展""发

展的终极追求：走向全人教育"这些理念都在强调教育要面向每一位学生，把学生看成一个完整的人，关注学生全面、和谐的发展，强调价值观对各学科教学的引导作用。这将从根本上体现德育的核心地位，也使各学科教育有着更高的立意。

语文课就是德育工作的好阵地，笔者在教授语文课的过程中对这一点感受很深。我们都知道语文教育无所不包，语文的外延就是生活，就是宇宙世界，所以语文课教学就不应仅是注重语文基本知识的传授或基本技能的训练，更应当重视语文在社会、道德、审美、创造性等方面的熏陶和教育。语文教育的重要作用之一就是要促进"人"这个生命灵性的自我哺育，进而形成一种责任感：对自己、对他人以及对自然、对社会的责任感。培根讲，"人即心灵，心灵即知识，一个人知道些什么，自己就是什么……"同样的推理就是学生在道德方面知道些什么，自己就是什么。教师在语文教学中可开展征文、讨论、专题演讲、对某一校园不文明现象进行作文大赛等多种形式的活动，把学生的态度情感、立身处世等问题融入学习，让学生在学习中辨别是非善恶，以潜移默化地提高学生的道德水平。

2. 德育与活动课程相结合

实践活动课程由研究性学习、社会实践与社区服务和劳动与技术教育等方面内容组成。笔者所在的青岛师范学校在这方面就做得相当出色。学校每学期都积极地组织学生进行知识竞赛、团活动、社区服务、青年志愿者服务以及参观、调查等活动，使德育寓于活动之中，培养学生关心国家命运，培育学生的爱国主义精神，形成社会责任感，加强了德育的针对性和时效性。

3. 更新课程观念

由于课程观念的更新、课程的整合，学科课程由显性向隐性拓展，环境课程、人文课程等新型课程的开发，大大丰富了德育的课程资源，加强了课程的支持。如果我们能够认真地建设课程，苦心经营课程，德育就会取得更大的成效。

（二）应注重学校整体道德的建设

良好的道德养成非一时一日之功，是一个渐进的过程，因此加强全方位的道德建设才能使学校德育工作取得更好的效果。

学校中的任何教学、任何活动都具有德育因素，都承载着育人的使命。有意识地在各种活动中凸显道德教育的因素，让生活放射出道德之光，这是学校教育的新境界。道德建设的主体是学校的全体师生，那就应该在道德建设中充分发挥师生的主体作用，努力营造友善向上的良好氛围，以促使学校整体的道德水平不断提高。

在上述优化德育过程的两个方面的工作中，重心都在强调对学生的引导和激励，要以人为本，要以理服人，使学生认识到接受道德观念是出于内心情感上的真正需求，是一个人成长的需要，而非被迫做的事。

三、关注教师"身教"，大胆创新，认真改进德育方法

落实全员育人的要求，应当以师生关系为核心。教师在学校德育工作中具有举足轻重的作用，是一个实践者，而非仅仅一个说教者。德国教育家第斯多惠曾说："教师本人是学校里很重要的师表，是直观的、有教益的模范，是学生的活生生的榜样。"

首先，我们需要认真地关注教师的"身教"问题。教师在学校的言行举止，都应成为学生的榜样，应时时牢记"学校无小事，教师无小节"的育人观念；尤其是教师的师德水准与敬业精神，更是学生关注的重点。一般来说，教师的"身教"不仅表现在自身的工

作过程中，还会在师生交往互动中突出地反映出优劣高下。

有的教师尽管在工作中很认真，但在师生关系中表现出主观、粗暴、急躁等缺点，使得教师的形象在学生心目中大受影响。"亲其师而信其道"，反之，教育效果肯定会受到影响。我认为，我们应不断提高师德建设起点，不能仅仅满足于"禁止体罚""笑脸以待"等要求，要在树立教师良好形象、体现教师高尚道德整体素质上下功夫。

其次，我们要认真地改进德育的方法。德育方法应该不断创新，与时俱进，适应学生成长的需要。比如，在德育中自觉应用心理学原则，讲究艺术，符合科学，提高实效。在当前的学校德育中，我们发现一部分学生品德问题与心理问题交织在一起，所以，创新德育方法尤为必要。又如，由于网络技术的普及、信息化程度的提高，学生会受到多方面信息的影响，学校德育的难度会更大，我们要研究新问题、采取新对策，增强德育的主动性，把工作做到前面，达到未雨绸缪。

重视和加强青少年尤其是师范学校学生的德育，是极其重要的现实问题。我们要从实际出发，重视学生个体，"启发激励，以人为本"，最终让学生能拥有健壮的体魄、健全的人格和良好的道德与心理素质，成为一个真正的"人"。

参考文献：

[1] 李秋菊，关文信.新课程理念与初中语文课堂教学实施 [M].北京：首都师范大学出版社，2003：5.

[2] 李希贵.为了自由呼吸的教育 [M].北京：高等教育出版社，2005：134+137+237.

找回迷失的自我

—— 一个叙事的心理教育研究案例

一、故事背景

小D是我班入学成绩最高的学生，她的档案里记载着她在初中曾获过"市三好学生""优秀学生干部"等称号。班里有这样一个好学生我很高兴，我决定对她委以重任，想把她培养成我班级工作的得力助手。开学后最难干的工作就是打扫卫生，于是我任命小D为卫生委员。但小D并不因受到老师赏识而表现得更加积极，反而在工作时显得意志消沉、行为孤僻，表现出一副无所谓的样子。工作完成得并不出色，这使我心中对她的期望值开始降低，我暗暗地想，她并非我的左膀右臂。第一次期中考试她的成绩在班里列中等水平，虽然我也及时提醒她把学习搞上去，但对她委以重任的想法开始动摇。期末考试时，小D的成绩再一次下滑，干脆成为班里倒数几名。

升入新学校，学生学习和生活的环境都发生了很大变化，很多学生的学习目标、学习状态也随之发生了变化，成绩出现波动本没有什么可大惊小怪的。但小D平日的表现一幕幕在我眼前重现，她的成绩波动幅度太大了。我不禁问自己：是什么原因使小D成绩下降得这样快？是什么原因使现实里的她与档案里的她判若两人？

二、寻找症结

几经周折，我走访了小D的父母、好友和曾经就读过的初中学校，终于全面地了解了小D：在初中，小D的确是品学兼优的好学生，深得老师和同学的欣赏与喜爱，她一心想报考重点高中，为的是以后可进入梦寐以求的大学。但父母不同意她考高中，执意要她报考师范学校，认为女孩子当老师更合适，既体面，福利待遇又有保障。因此，小D与父母产生严重的矛盾和分歧。最后父母的意志战胜了孩子的意愿，小D不情愿地报考了青岛师范学校。她因此感到生活似乎一下子失去了阳光，再也没有理想、没有憧憬、没有希望，有的只是无法排解的烦恼。这种心态导致了她的孤僻、忧郁和一蹶不振，甚至和自己的父母也很少说话，就出现了前面介绍的情况。

可怜天下父母心！爱自己的孩子，认为帮孩子安排好以后的路是自己的职责，是对孩子负责，却不顾及孩子的意愿和兴趣，这就是错误的观念。小D已在这所新学校就读了半年，再让她退学重上高中显然也不现实，眼看这样下去一个品学兼优的好苗子就要枯萎下去，我的心不免隐隐作痛。我能不能帮助这个倔强的女孩解开心里的疙瘩，重新找回迷失的自我呢？

三、找回自我之一：连接亲情纽带

在这种情况下，我觉得首先应该做好小D父母的工作，"解铃还须系铃人"，让父母与孩子多沟通，以消除彼此的隔阂，获得彼此的理解。家访时我谈了小D的表现和状况，小D的父母也觉得非常后悔：本来是在替女儿着想，因为她的身体有些虚弱，怕她上高中太苦，会累坏身体。现在感觉当初在女儿报志愿这件事上做得太武断了，没有充分尊重孩子的意见，谁知道现在弄成这个样子，这是大家都不愿看到的。我建议小D的父母多从小D的角度想想这件事，把自己当初的想法耐心地和小D谈谈，争取获得小D的谅解。经过我的穿针引线，小D父母同小D进行了一次彻夜长谈，问题虽没有完全解决，但他们之间的关系远没有以前那样剑拔弩张了。

冰心说过，没有爱就没有世界，有了爱就有了一切。爱是纽带，是心灵沟通的桥梁。理解了父母对自己的爱，小D的脸上有了隐隐的笑意，她的生活中终于透进了第一缕阳光，在她脸上我看到了希望，我要让她打开心窗，放飞自己的理想。

四、找回自我之二：敞开心扉，放飞理想

为了解开小D的心结，我准备自己创造一个教育契机。我选择了一个艳阳天，和小D在校园的小树林里漫步。她有些拘谨，也有些心不在焉。

"你说，一棵长了几十年的大树，枝繁叶茂，这时候如果把它移植到另一个地方去，它会活下去吗？"我笑着问小D。"我想不会活吧。人怕伤心，树怕伤根嘛。"她漫不经心地答道。

"你看见这些大树了吗？它们可都是有六七十年的树龄了。你们还没来这所学校的时候，从学校大门到教学楼有一条林荫道，后来，学校改建科技楼，把它们挪到这儿组成了这片小树林。"我边说边指着树林中这些一抱粗的大树。它们长得蓊蓊郁郁，生机盎然。"当时，它们的树冠全被锯下来了，只剩下一截光秃秃的树干，难看极了，大家都担心这些树可能活不了了。可是没想到，第

二年春天，这些树又全都长出了新枝叶。瞧，这些树组成了小树林，显得更加翠绿繁茂，比当时的林荫道还漂亮呢。"

小D似乎感兴趣地望了望小树林。

"俗语说：树挪死，人挪活。你看，也不是绝对的嘛！这些树不就活了吗？那是因为它们在新环境中也能扎根发芽。所以，很多事情需要我们的努力。我知道你原来的目标是想考重点高中，然后考大学，结果却来了师范，你因此心里别扭，非常不情愿。"小D的眼睛一下子蓄满了泪水。"其实，你就如同这些树一样，不过是挪了一下地方而已，在师范也是可以实现上大学的梦想的。"听了我的话，小D全身一震，眼睛不由自主地看着我。我肯定地对她点点头："我们学校每年都有许多品学兼优的学生考上大学，他们相对于高中考上的学生，优势明显——多才多艺，全面发展。这就叫作殊途同归，各有所长。其实，在哪儿上学并不重要，重要的是无论在哪儿都应该实现自己的最大价值。中考时，你凭自己的刻苦努力和聪明才智考出了好成绩，但当你和同学们站在师范这同一个起跑线上时，你输了，输在总是沉湎于对往事的不满中，输在对现实的不满中。你轻易地对生活低下了头，错误地认为自己的一生已不可更改，却忘记了自己曾有的梦想——这个梦想的实质是成为一个人才。如果你在这儿也有成才的机会，你想放弃吗？""……不想……"小D的泪水潸然落下，心中的冰山开始融化了。"那就振作起来，努力学习吧！泰戈尔也说过：既然我们已经错过了太阳，那么我们就不能再错过星星和月亮！只有竭尽全力去学习，你才有机会实现大学梦啊！"我拍了拍小D的肩膀，望着她的眼睛，鼓励说。"嗯！"她坚定地点了点头。

阳光仿佛一下子照进小D的生活，我甚至能感觉到她吸收了充足阳光后的饱满和光鲜。上课的时候，我常常能接触到来自小D的略带感激的、坚定而自信的目光。她扬起理想的风帆，像鲲鹏一样扶摇直上。又一次期中考试，小D从班级倒数几名一下子跃升到班级前列——这本该是小D的真实成绩。欣慰中，我不禁在心里勾画了小D的幸福蓝图：上大学，上哪一所大学……

五、找回自我之三：意外变故——失去亲人的考验

刚刚在班级生活里步入正轨，变得充满自信、活泼开朗起来的小D，忽然有一段时间，上课又出现了类似以前的恍惚和心不在焉的状态。怎么回事？我感到疑惑。经我一问，小D的泪水像决堤的河水一样流了下来……原来是她父亲患肝癌，前几天去世了，永远地离开了她。

有人曾说人生中最大的不幸莫过于幼年丧父。我开始为小D担心：这个情感丰富、倔强又易受外界影响的女孩，能承受得住这么沉重的打击吗？

我简单地问了问她家里的情况，得知她妈妈伤心过度，身体也不好，妹妹刚刚上小学……她有些不知所措。帮助弱者的最好的方式就是让她意识到自己是强者，还有更弱的人需要她的帮助。我鼓励她说："亲情是世界上最珍贵的情感。你是大孩子了，不应该一味地悲伤，应该帮妈妈分担忧愁。你看妈妈原本也是一个柔弱的女性，现在既要承担失去亲人的痛苦，又要照顾好老人，还要关心你们的学习和生活，独自一个人撑起家庭生活的重担，她太不容易了！你不仅要帮妈妈走出悲痛，还要用实际行动告诉妈妈，你长大了，不用再让她操心了。记住：你能给父母最好的礼物就是学有所成。"她好像豁然开朗了，对我点了点头。

我默默地关注着小D。时常用一些名言来激励她，是天将降大任于是人也，必先苦其心志，劳其筋骨，饿其体肤……用一些故事

鼓舞她，扼住命运的咽喉，做生活的强者；使她不因悲伤而迷失方向，树立起自尊、自立、自强的信念，走好以后的路。她的母亲说，她比以前懂事了，也坚强了。

小D终于战胜了自我，变得坚强起来，后来她的成绩一直在班里名列前茅，最后以优异的成绩考入我校大专班。小D最终没有选择考大学，是为了早点工作，帮妈妈分担生活的重担。我由衷地相信：经历了这些生活磨难的小D，真正地学会了坚强，能够正视生活中的所有坎坷，再也不会被生活击垮了。

我以保证学生的性格健康为前提，深入分析学生的特点，把工作做足、做细、做到位，针对不同情况，采取灵活有效的措施，最终帮助学生正确对待生活中的困难，选择好理想的人生目标。

小D的故事告诉我们：生活中没有无缘无故的爱，也没有无缘无故的恨。教育工作需要爱心、耐心、恒心，需要我们善于发现生活中的细节，及时把握学生心理，引导他们身心健康地成长。

《做一个卓越而幸福的教育者》读后感

汤勇先生的这本《做一个卓越而幸福的教育者》自始至终透露出新教育理念、新教育实验的价值追求，就是想让教师和学生过一种幸福完整的教育生活。这本书的核心思想，就是大写的"幸福"二字，与新时代的教育理念不谋而合。

一、做好工作要有一个积极的态度

积极的态度是什么呢？

积极的态度就是要比别人多做一点儿。这就要求我们在目标上，要比别人更高一点儿；在执着上，要比别人更久一点儿；在速度上，要比别人更快一点儿；在细节上，要比别人更注重一点儿；在热情上，要比别人更多一点儿；在勤奋上，要比别人更努力一点儿；在主动上，要比别人更自觉一点儿；在方法上，要比别人更灵活一点儿。

二、责任压倒一切，要有强烈的责任心

责任心是指教师不是把教育工作、教导学生作为外在的规定和强制行为，而是作为一种自发自动、自觉自愿的行为，一种义不容辞的使命。列夫·托尔斯泰说过，一个人若是没有热情，他将一事

无成，而热情的基点正是责任心。可以说，责任心是成败的关键。

我想起了这样一件事。

去年教师节，一封信出现在我的办公桌上。信上说："……老师，您对我的帮助让我深深感受到了一个老师对学生的爱是多么深刻，感谢您对曾执迷不悟、一错再错的我无私的帮助，感谢您考虑到我的自尊心愿意将我的恶行予以保密，也感谢您还愿意接受我深深的歉意……您让我的心灵受到了深深的震动……老师——！"

读着信，我的思绪又飘回那个九月。那时候，我怀着美好憧憬和满腔热情迎接我的新学生，女生芳芳的妈妈接连不断地给她请假。刚开始我没有怀疑，可是从军训到上课，连续二十多天不到校，这让我很是纳闷。一番明察暗访之后，真相让我大吃一惊！替芳芳请假的妈妈竟然是假冒的！而芳芳的家人还以为她这段时间一直正常上学呢！她并非多愁多病身，却有瞒天过海术。

打电话，没用；谈心，没用：芳芳执迷不悟！我一次又一次地找到她，真诚地与她沟通交流，苦口婆心地剖析规劝，不厌其烦地和家长互通信息……我只希望芳芳能明白我的良苦用心，能够悬崖勒马、迷途知返。

正所谓"一往情深精诚至，一心一意顽石开"，爱心所至，必将春风化雨暖人心。一次又一次真诚地沟通交流，一次又一次苦口婆心地剖析规劝，在我和她家人的共同努力下，芳芳终于觉悟了，给我写了一封情真意切的信：

"……您对我的帮助让我深深感受到了一个老师对学生的爱是多么深刻，真的，感谢您对曾执迷不悟、一错再错的我一次又一次地帮助，感谢您考虑到我的自尊心愿意将我的恶行予以保密，也非常感谢您还愿意接受我深深的歉意。……现在，我终于意识到自己所犯的错误是多么多么严重，它给多少人带来了伤害，它狠狠伤透了母亲的心，伤了所有关心爱护我的人的心，它更辜负了老师对我的良苦用心，……您让我的心灵受到了深深的震动，我流着泪说：'我不会再骗您了。'此时老师您说：'我相信你！'就是这几个字，每每回荡在我的耳边，这不仅仅是老师给予我的信任，更重要的是老师您带给我前所未有的勇气！"

终于拨云见日了！含着眼泪，我欣慰地笑了。真心爱学生、真心为学生付出，学生总会感受到的。真心的爱，镶在举手投足间，嵌在一颦一笑中，它不失时机地为自卑的学生送一份自信，为偏激的学生送一份冷静，让学生时刻生活在温暖中，让学生时刻都能感受到一种信任与鼓舞！

三、要用快乐的心情做事

教育工作不仅要"劳力"，还要"劳心"；不仅要克服学习、工作、生活中的一些困难，还要面对来自学校、社会等方面的评价，更要调整心态去努力适应环境。在这种情况下，我们如果没有一个快乐的心情，那么我们的身心就会显得疲乏，生活就会显得沉闷，体会到的就只是职业的倦怠，不可能真正感受到职业的快乐，也不可能体会到职业的幸福。

我认为教师的快乐之源是学生。学生作为教师独特的工作对象，教师一方面能从他们渴求知识的眼神中，从他们一颗颗善良的童心中，从与他们真诚的交往与对话中，获得教育的灵感、教育的诗意、教育的智慧；另一方面能从他们的成长中，从他们的进步中，从他们的成熟中，从他们的个性萌发中，从他们对社会的贡献中，从教师的桃李满天下中，体味到一种任何人都无法体味到的幸福与快乐。

四、激励唤醒，引导学生善学乐学

课堂应是充满游戏精神的，也是快乐的。那种缺少学生的语言、动作、思考、情感、态度和欢悦的地方不能算作课堂。正如北京大学钱理群教授指出的："语文课应是一种精神的漫游，应该是好玩的、有趣的。"

经过时间淘洗的文学、哲学名言是学生思想的绝妙营养，多介绍给他们阅读积累，让他们自学、体味，往往会有意想不到的收获，诸如伏尔泰的"我不同意你说的每一个字，但是我愿意誓死捍卫你说话的权利"，尼采的"生命僵死之处，必有法则堆积"，拜伦的"我宁愿永远孤独，也不愿用我的自由思想，去换一个国王的宝座"等，这每一句话，都振聋发聩，包含着深厚的哲理和博大的精神，耐人寻味启人深思。我还清楚地记得学生第一次听到、看到这些语句时那亮晶晶的眼神——分明就是一种心灵受到撞击的震撼。甚至有同学因其中的某一句名言而喜欢上了某个作家，找来相关著作逐一阅读，由此打开了一个崭新的世界。

语文课堂教学一定不能只泛泛讲解课文，教师要注重引导学生自我激励、唤醒、发现，实现思维的碰撞融合，感受学习的快乐。课堂教学采用"自读、独立思考提出疑问、交流互助、答疑释惑、完善"的教学流程；学习目标来自学生提前阅读提出的问题，教师把学生提出的问题梳理之后再确定学习目标，学生的问题就是课堂教学的重点，而不是完全凭教师的经验脱离学生实际自己决定讲什么，自己确定重点。学习目标完全从"学生"角度出发设立，主语全改为"学生"；学习目标中的动词变为外显的、可观察和把握的，不空说无把握的词语，如不设立"悟情感，赏意象"这样的目标，而是用"说出，写出，背诵出"这些具体的词，让学生知道真正要干什么，干到什么程度；一般还要在前面加上限定词，以让学生更具体地把握，如"流利地说出""准确地背诵出"等。学生的学习目标具体明确，学习有的放矢，愉悦性也大大增加。

五、用心经营自己的课堂，做一名幸福的教师

朱永新说："一个教师不在于他教了多少年书，而在于他用心教了多少年书。"我要说，一个教师不在于他上了多少堂课，而在于他用心上了多少堂课。教师用心地对待每一节课，用心经营好自己的每一堂课，按学校提倡的那样"打造高效课堂，向课堂要效率"，使日常课堂教学更有效，更加具有生命活力，使课堂成为我们每一个教师的幸福驿站。

课堂不仅是学习知识的场所，更是启迪智慧的殿堂。

教育和教学的过程不是一个简单从外部"注水"（灌输）的过程，而是一个从内部"引水"（启迪）的过程。课堂教学要通过知识引导激发学生的智慧，并最终将知识转化为智慧，使文明积淀成人格。书本知识是可以直接"教授"的，但书本知识以外的许多东西，如德行、智慧、审美、个性等则是不可以直接教授的，它们需要学生自主观察、感受、体验、发现和领悟。

古希腊哲学家柏拉图说过："教育的任务不在于把知识灌输到灵魂中去，而在于使灵魂转向。"英国哲学家怀特海指出："教育的全部目的就是使人具有活跃的智慧。要使知识充满活力，不能使知识僵化，这是一切教育的核心问题。"因此，所谓"受过良好教育的人"，绝不是那种仅仅占有了许多书本知识，却食而不化的人，而是能够将知识转化为智慧的人。

学了《窦娥冤》后，学生一方面对窦娥的冤屈感到愤慨，义愤填膺，另一方面受益匪浅。一个学生在笔记中写道："我们的生活

是美好的，文学作品当然有责任把生活中的美好一面展现给大家。但生活又是残酷的……"学生的稚嫩心灵中流露出来的这些悲天悯人的沉重情怀，怎能不让人欣喜和感动，又怎能不感谢语文对学生心灵的启迪和触发？

六、教师一定要多读书，多学习

"我不为终点而行，而是过程，为了旅程我远行，路上才有最美的风景。"罗伯特·斯蒂文森的诗，多么契合此时此刻我们的意味和心境。

作为教育工作者，我们应当把学习当作吃饭、穿衣、睡觉一样，使之成为我们生活的必需品，成为一种优秀的习惯，并且要持之以恒，坚持不懈。

李希贵曾谈到他的读书体会："我基本上不怎么看教育学的书，因为其中的很多书太'一般'。我喜欢看心理学、社会学、成功学、企业管理学、法学、经济学等方面的书。这些书的视角会帮助我们实现教育创新，帮助我们挖到别人没有挖到的深度。也就是说，仅仅靠教育学，我们永远也不可能达到那个深度。所以，我们一定要多接触一点其他领域的朋友，多读一点其他领域的书籍。"

作为一名平凡的教师，我们更应该多读书，拓宽自己的教学思路，厚实自己的文化底蕴，多学习别的优秀教师的做法和育人之道，在学习中更好地做好自己的工作。

对准孩子心灵的琴弦——小潘的故事

桌上的那本作业，字迹潦草难以辨认，奇大无比的空隙里或有涂改的痕迹。不用说，这是小潘的作业。

小潘，胖胖的，头脑灵活反应极快。在课堂上，老师的问题刚刚问出，别的孩子刚开始思考，小潘已经喊出了答案。有一次，我布置班级事务的时候，出了个小错误，自己完全没有意识到，班委也都毫无反应，小潘张口就喊道："老师，不对呀。"他有理有据地提出来。"哇——"班内响起一片崇拜的赞叹声。小潘极其享受这样的时刻，胖胖的脸上，那胖胖的身躯落座后，不大的眼睛迅速环顾四周，一副接受膜拜的架势。如果大家不及时反应，或反应不热烈，小潘自己就念叨着："我是多么睿智！"重音准确无比，语调适当延长，将得意之情溢于言表。在学工的时候，因为小潘知识丰富、反应敏捷，还获封一个"智多星"的称号，这更是让小潘一时风头无两。我也喜欢小潘，开始也对他赞扬有加，但鉴于他灿烂之后的神情、语言，综合作业、试卷的情况，我对小潘再也表扬不起来了。期中考试、期末考试，在平时出尽风头的小潘，最好的成绩是班级十多名。这成了小潘死党口中的笑柄。

小潘一定伤心过，也有过短暂的发愤图强，但收效甚微。我对小潘不能说不尽心，苦口婆心的谈话有之，锐利刺耳的激将法也用过，有时也少不了声色俱厉的批评，这些形式都有作用，但效果都极其短暂。小潘还是那个小潘，只是不再明目张胆地炫耀自己聪明而已。我知道，小潘也很苦恼。他的入校成绩是班级第五名，现在的理想是考入前十名，这样就可以当学习小组的组长了。

根据学校"奋进之舟"小组合作模式，各学生小组根据每周的礼仪、课堂、间操、作业等各方面表现的量化成绩选择座位。这一次，小潘坐到了班级第一名小邱的旁边。早自习前，或者课间十分钟，小潘仍然舌灿莲花，不断展示自己的聪明才智，附和者众多。小邱则静坐一旁，默默看书，十分投入。我脱口说了句："小潘，如果你能像小邱这样用心的话，你的成绩一定会像他一样好。"小潘听了美滋滋地看了小邱一眼，坐正身子，开始专心学习。

小潘安宁了很长一段时间。之后的一天，我看到小潘和小邱都在看书，小邱像入定一样专心，小潘则有点不安分。我笑言："小潘，如果你能像小邱这样用心的话，你的成绩一定比小邱还要好！"小潘激动地看了小邱一眼，美滋滋地学习去了。

地理生物会考前两周，小潘对我说，他想找个地方辅导一下，提升一下成绩。我拍着他的肩膀说："就是啊，使使劲儿，充分发挥自己的聪明才智！"

随后，会考成绩出来了，小潘考了两个A，总分排名在小邱之前。小潘第一次实现了自己的理想！小潘的胖脸，笑得像朵向日葵一样！

苏霍姆林斯基说过：在每个孩子心中最隐秘的一角，都有一根独特的琴弦，拨动它就会发出特有的音响。要使孩子的心同我讲的话发生共鸣，我自身就需要同孩子的心弦对准音调。每一个孩子都是一个独特的个体，40个孩子的心灵，就有40根微妙的琴弦。我们教师要多观察、勤思考，用睿智的教育思想、博大的教育胸怀，包容每个孩子的缺点，还要因势利导，充分发挥他们的特长，帮助孩子实现成长的梦想。对小潘、对小邱、对每一个孩子，我们都要如此。

第二篇　以爱为圣　以优为荣

俯下身子，聆听心语

——与女儿同读《孩子，先别急着吃棉花糖》

有这样一个故事：一个大人问一个趴在地上的孩子："你在干什么？"孩子说："我在听蚂蚁唱歌。"大人不屑地说："蚂蚁怎么会唱歌呢？"小孩反问："你不蹲下来，怎么知道蚂蚁不会唱歌呢？"

在看《孩子，先别急着吃棉花糖》一书的前一秒，我仍不认为自己是个不称职的家长。但翻开书之后，这个想法被颠覆了。原来，我就是那个没有俯下身来的大人。

虽然这是一本通俗易懂的书，但内涵不简单。当孩子读完兴奋地跑过来要和我分享的时候，我像以往一样敷衍地听她说完，然后义正词严地说教了一番，心目中的自己，正站在代表着真理、经验、真爱和温暖的光明顶上，而女儿，还是那个依赖甚至依附我的无知小孩，我不认为她读的书有什么超越我经验范畴的东西，何况，这本书在报纸上连载的时候我还瞄过几眼。

可是，这真的是本值得细读细品的书。等我真正把它读完，我感到它压榨出了我衣服下面藏着的小人来。

棉花糖，象征着幸福、快乐……那些你想要的美好的东西。

教孩子不急着吃棉花糖，意味着教孩子拒绝小诱惑，用耐心与坚持守候大幸福。是的，生活中诱惑孩子的东西是那么多：娱乐节目、电脑游戏、肆无忌惮地玩耍……我用了很多"你要"和"不准"来界定孩子的生活，但收效不大。通过阅读棉花糖这本书，女儿重新认识了学习和生活，认识了规则，受到了激励，也感到了幸福，她的手心里握紧了成功的宝剑，正韬光养晦，期待在最好的时机迅疾刺出！

这是书里那个睿智父亲的成果。他不仅教会了自己的女儿，也教会了别人的女儿。最妙的是，他的教育看上去简单无痕，是不知不觉地渗透，不露痕迹的引导，摧刚为柔，润物无声。

平时我能了解孩子在学校的情况，分享孩子的快乐或者悲伤，或者对孩子亟待解决的问题提出一点建议。而乔纳森善于从这样的浅层对话中，看出深埋其中的问题。比如，女儿珍妮弗缺少时间观念、自信心不足、毫无理财意识、没有人生目标——这些几乎同时存在于我女儿的身上——然后，他巧妙地引导女儿去理解、感同身受这些缺点的恶。（如让迟到了四分钟的女儿等自己四分钟。）他让女儿帮助自己挑选员工，并陈述选择的理由，顺理成章地解决了为什么要好好学习、要学习好的问题；巧妙激励女儿采访自己的优秀员工，让女儿明白制定一个人生目标的现实意义……渐渐地，女儿珍妮弗能自觉地去发现和矫正错误，越来越有爱心和修养。这种教育的第一个特点是激发。用苏霍姆林斯基的话说，"能够激发学生去进行自我教育的教育，是真正的教育"。

这种教育的第二个特点是引导。还是借用苏霍姆林斯基的理论：引导孩子向好的榜样学习，"启发他们效仿一切好的东西"，这样的话，儿童身上的不足都可以自然地消失，并且"不经过任何痛苦"，"不使儿童心灵受到伤害，不使他们感到委屈"。是的，没有痛苦和委屈，拖拉、随性的珍妮弗守时了、讲规则了，还能自己理财，主动修复和同学之间的关系，幸福像花儿一样绽放。因为那个父亲，没有像我那样大声斥责和啰唆地说教，他抓住了问题的核心，抓住了教育的契机，或者创造了"啐啄同时"的契机，谈笑间就让女儿那些缺点消失了。

自惭形秽的同时，我庆幸和女儿有了深层的共同语言。我们一起热烈讨论了感兴趣的章节之后，看着读书过后颇有"余音绕梁"之感的女儿，我决心实践苏霍姆林斯基的第三句话，"不要与孩子的心灵振荡失之交臂"。我向正对着电视笑个不停的女儿说："按照棉花糖理论，你要节制自己的享乐欲望，因为成功需要忍耐和付出。"女儿没有多言，起身走进了自己的房间看书了。

帮助女儿练形体，由于很久没有起色，我的声音掺杂了些许不耐烦，女儿脸上呈现出恼羞成怒的神情来，从垫子上起身穿鞋，准备拂袖而去。我及时喊出一声："请问你做决定之前，运用过三十秒理论吗？"做决定之前好好考虑三十秒，这是乔纳森教给女儿珍妮弗的。这句话简直就是密钥，一下子平复了女儿的情绪。她重新回到垫子上，继续练习。看，对错的选择，往往就在瞬间；对我和女儿，都是。

…………

开学前，我和女儿一起重读了书中的重要章节："把书念好，做任何事都会充满自信。""学习成绩好的人，一定会更容易学会其他本领。"……我相信，这个学期，女儿会争取更多的棉花糖，并为此修正自己。当然，我也不能做一个吃老本的家长，要真的给女儿的成功找到一个甜美的支点，还要把身子俯得更低更久，用心和女儿一起聆听蚂蚁的歌唱，我才能对准女儿心灵的琴弦，奏出美妙的琴音！

第三篇

③

潜思躬行　辐射引领

"语文教学中基于思辨性读写提升艺术生批判性思维能力的研究"开题报告

一、开题活动简况

2018年10月，青岛艺术学校在校办公楼举行了青岛市教育科学"十三五"规划2018年度教师专项课题的现场开题会。会议由教科研室王杰主任主持，教科研室成员、各课题组主持人及研究人员参加了本次会议。

本次会议邀请督导科研中心王淼主任作为评议专家进行了现场点评。

二、开题报告

（一）研究目标

本次开题会研究目标为通过课内教材阅读，培养、提升艺术生理解辨析能力，实现对课内经典文本的合理化解读；通过课外拓展阅读，培养、提升艺术生鉴赏评价能力，形成具有一定学术性的专题探究模式；通过写作教学，培养、提升艺术生表达反思及创新能力，使艺术生学会多角度深层次的表述方式。以期通过在读写实践中转换阅读写作教学视角，探索读写互促教学策略，不断促进艺术生思辨能力提升。

（二）研究内容

本次开题会研究内容，第一，梳理教材篇目，研究具有思辨价值的文本个案，以读引写，提升艺术生理解辨析能力。第二，推进拓展阅读，采用专题阅读或整本书思辨读写方式，读写互促，提升艺术生鉴赏评价能力。第三，构建写作序列，关注艺术生习作与阅读材料的联系，以写促读，提升艺术生表达反思能力。

（三）研究的主要方法

1. 收集资料法

收集资料法是指学习"批判性思维"理论，搜寻资料，借鉴已有成功经验，为思辨读写寻求理论依据。

2. 行动研究法

行动研究法是指在研究实践过程中随时修改和完善课题实施方案。

3. 案例研究法

案例研究法是指在思辨读写研究实践中积累实用案例，为后继教学提供相关技能与方法。案例研究法的步骤：一是确定研究对象（经典名著或写作素材），进行个案现状评定；二是收集个案资料；三是个案资料整理与分析；四是问题的矫正与指导；五是追踪研究；六是形成结论。

4. 经验总结法

经验总结法是指分析存在的问题，总结成功经验，撰写课题研究报告。

（四）组织与分工

较强的教育科学研究力量。本课题主持人为青岛职教名师人选、市教学能手、高级教师；参加人为语文教研组组长、市教学能手。均为语文教育教学骨干，他们有较强的教育科研能力、阅读鉴赏能力和扎实的教学基本功，对课堂教学、阅读与写作教学有自己的感受和理解，也有深入的思索与探究。

学校为教育科学研究提供了优良的环境，制定了《青岛艺术学校科研制度》，保证了教师参与课题研究的广泛性和专业性。

曾经进行的课题研究及其成果为本课题的研究提供了重要的经验与理论支持。"十五""十二五"期间，主持人参与国家、省级课题研究，积累的经验和取得的研究成果，对本课题研究有指导意义。

（五）进度

本课题研究时间约为两年，具体分为以下几个方面。

1. 准备阶段（2018年3—4月）

（1）确定课题的研究方向，整体设计课题实施方案，组建课题组，召开开题报告会。

（2）培训课题实验教师，真正拓展教学观念，为课题顺利研究打下坚实基础。

2. 全面实施研究阶段（2018年5月—2020年1月）

按既定方案开展专项研究，不断完善实施方案，改进研究与实验工作。

（1）根据总体方案，进一步培训实验教师。

（2）根据研究目标，确定阅读与写作内容，并进行思辨读写的实践与训练。

（3）进行中段总结，为进一步研究奠定基础。

（4）总结阶段成果，更深入地展开实验研究。

3. 研究总结阶段（2020年2—3月）

（1）全面总结和展示研究成果，主要包括论文、课例、学生成果集等，在此基础上总结经验教训，完成结题研究报告。

（2）组织结题会，邀请专家评估，形成经验推广。

4. 其他相关活动

课题实施过程中，我校课题组将结合本校实际情况适时组织各种类型的研讨、提升活动，以最大限度发挥课题研究的辐射效应。

5. 预期成果

（1）研究论文和课例。（2019年10月）

（2）学生读后感、习作集等。（2018年3月—2020年1月）

（3）"艺术生'思辨性读写'教学实践研究"研究结题报告。（2020年2—3月）

三、专家意见

本课题研究目标明确，把教材作为课题研究的抓手，以学生能力培养为主要目标，着眼于解决教学中的现实问题，定位较准，很有研究价值。

课题的研究，首先是对日常教学的反思和提升，而不是飘在云端，坐而论道。梳理教材篇目，以读引写，是一个很好的切入点，既照顾到了学生平常的学习，又适当提高对他们的要求，可做有针对性的深入研究。其次是适当地引入课外阅读，在学生阅读交流中，引起思想的共鸣和思维的碰撞，以小组合作的形式进行专题探究，这也是很好的研究方式。写作历来是学生学习的难点，对于中职生而言，更是难上加难。在写作的研究中，我注意到，本课题将研究内容进行分解，可操作性强，首先着力于解决学生身边的问题，服务于日常表达，使学生学起写作来不至于困难太大。建议研究中可以给学生多一些自由的时间，让学生多阅读、多表达、多习作或写读书笔记，自然而然效果会突出一些。

课题研究方法选择较恰当。建议确立一种至两种重点研究方法，便于操作，可行性强。

在分工方面，课题参与的人员略少了些，如果参与人员再多一些效果会更好。

课题进度安排翔实具体，注意到了各阶段的具体任务与具体成果，建议在具体操作过程中进行适当的细化，并要督促好各课题组成员及时完成好自己的研究任务，在分工的基础上还要有良好的合作。

预期成果的数量较合适，种类较丰富。建议能有一定的经验总结和学生展示汇报，为以后该领域的深入研究打好基础。

"语文教学中基于思辨性读写提升艺术生批判性思维能力的研究"结题报告

一、问题的提出

（一）研究背景

课题"语文教学中基于思辨性读写提升艺术生批判性思维能力的研究"以培养艺术生的"批判性思维能力"为目标。"批判性思维"是一种以理性和开放性为核心的追求公正思维与合理决策的思维策略与技能，它强调独立思考、敢于质疑、善于求证，是一种追求合理、公正、开放与创新的思维方式。

1. 社会背景

现在社会处于信息爆炸时代，许多人常常习惯于被动地、海绵式地接收信息，缺乏批判性思维，缺乏判断能力，不对事物进行理性分析，可能很多时候也不懂理性分析。这种不经过细致思考、真假鉴别接收的信息，会被较快遗忘，对人的益处少之又少。在开放式的互联网环境里，信息繁杂、良莠并存，存在着海量的经不起推敲的观点，甚至是一些刻意扭曲事实和宣扬偏激价值观的文章，如果不管不顾地汲取，那么很容易被人利用。

2. 学科背景

《普通高中语文课程标准（2017年版）》提出，中学生应能"运用批判性思维审视语言文字作品，探究和发现语言现象和文学现象，形成自己对语言和文学的认识"。把"思辨性阅读与表达"列为一个单独的学习任务群，旨在引导学生学习思辨性阅读和表达，提升学生实证、推理、批判与发现的能力，增强学生思维的逻辑性和深刻性，认清事物的本质，辨别是非、善恶、美丑，提高理性思维水平，鼓励教师加强对学生思辨性读写能力的训练。《中国学生发展核心素养》也提出要重视对学生批判性思维能力的培养。

语文学界教师提倡"整本书阅读"的共识和读写实践，除了需要引导学生多读书外，更需要全面训练和提升学生阅读鉴赏能力与写作能力。短幅作品是培养学生的一种精巧和单纯的思维方式，而长篇作品是培养学生的一种宏阔、复杂的思维方式。批判性思维的核心是质疑基础上的深度分析、合理论证与建构发展，将批判性思维渗透到语文教学的读写训练中，有利于培养学生具备尊重、理解和包容的现代人格，培养学生拥有公正、合理和创新的思维方式，培养学生掌握事实、逻辑和情理相统一的思维技能。

3. 艺术生成长背景

"艺术生"是指以将来报考艺术类院校艺术专业或普通高校艺术专业为目的的职业学校学生或普通高中学生。艺术生平时既需要学习文化知识，又需要苦练专业技能，为使自己专业技能上能"技高一筹"，他们平时把大部分时间与精力花在了专业技能的练习与提高上，因此，文化底子薄，学习成绩差。他们既要参加文化课高考，又要参加所报考学校或者本地区组织的专业技能考试，必须专业考试合格且高考成绩达到该院校录取分数线才能被录取。

对艺术生进行批判性思维能力的训练和培养必要而迫切。艺术生未来将从事与文学艺术相关的工作，甚至成为该行业的领军人物，他们将为我们带来音乐、影视、舞蹈、戏剧、主持、新闻等各类节目，他们的世界观、价值观、人生观会通过文艺作品在社会上广泛传播。如果这些人的"三观"不正，他们"编、导、播"的节目会产生不可估量的影响。从这个意义上来讲，在这些特长生的"三观"形成关键期的高中阶段，如果语文教师能通过自己的课堂教学对艺术生进行有针对性的引导，引导他们广泛阅读，深入思考，引入批判性思维，提升阅读鉴赏能力，使艺术生有明确的是非观念，能客观公正地分析问题、看待问题，这无疑会为我们国家和社会的文艺工作带来良好影响，甚至是利在千秋的好事。

（二）研究目的、内容及意义

1. 研究目的

本课题以期通过一年的系统研究，达到以下研究目的：

通过课内教材阅读，培养、提升艺术生理解辨析能力，达到对课内经典文本的合理化解读；

通过课外拓展阅读，培养、提升艺术生鉴赏评价能力，形成具有一定学术性的专题探究模式；

通过写作教学，培养、提升艺术生表达反思及创新能力，学会多角度、深层次的表述方式，学会发表深刻独到的见解。

在系列系统研究中，以期通过在思辨读写实践中转换阅读写作教学视角，探索读写互促教学策略，不断促进艺术生思辨能力提升。

2. 研究内容

本课题研究内容，是指梳理教材篇目，研究具有思辨价值的文本个案，以读引写，提升艺术生理解辨析能力。

遵循以下原则：一是文质兼美，经典佳作；二是适合学习，经典范例；三是具有思辨色彩，有利于启发学生质疑求证。从教材出发有助于教学目标和教学内容的确定，教师首先要引导艺术生认真研读文本，获取独特体验；其次要从不同维度、不同层面观照文本，获得深切、新颖的理解。依据教材篇目设计多功能的写作训练，以读引写，从而促进艺术生理解辨析能力的提升。

推进拓展阅读，采用专题阅读或整本书思辨读写方式，读写互促，提升艺术生鉴赏评价能力。本课题立足于教材单元主题，确定如下探究步骤：推荐书目—自主阅读—成果展示—讨论启发。以期在互相交流中引起思想的共鸣，思维的碰撞。以小组合作的形式进行专题探究，从探究主题确立、资料收集筛选到课堂交流展示、互动自评质疑问难，激发思维火花，再带着问题深入文本，对原有探究内容进行修改完善，进而形成书面读书报告，在读与写的相互促进中培养鉴赏评价能力，提升思维品质。

构建写作序列，关注艺术生习作与阅读材料的联系，以写促读，提升艺术生表达、反思能力。在读写教学实践中，培养质疑求证、对话反思及合理表达能力，可分别从内容、结构、语言表达等角度进行细化研究。在对不同角度、多种层面的写作序列构建过程中，加深对涉及语体知识的理解，并通过品读赏析加以强化，从而综合提升表达及反思能力。

3. 研究意义

（1）实践意义

在语文教学中对艺术生进行"思辨读写"训练，读写结合，以读促写，有助于培养他们具备尊重、理解和包容的现代人格，培养他们拥有公正、合理和创新的思维方式，培养他们掌握事实、逻辑和情理相统一的思维技能。

① 基于艺术生能力培养的角度，本课题将通过一系列具体教学策略，不断引导学生把握读与写的内在联系，在读写实践中逐步培养艺术生的思辨能力，提升艺术生的思维品质。坚持给学生一个开阔的、多元的阅读视野，养成他们独立自主的人格精神和理性思辨的思维方式，培养他们判断和选择的能力；将"具体问题具体分析"作为思辨写作教学的重要抓手，从拓宽思维方式入手改进教学，对学生的抽象与概括、比较与思辨的思维素养进行训练，在思辨过程中表达批判性的意见，提升艺术生批判性思维能力。

② 基于教师专业成长的角度，本课题将阅读和写作这两大语文教学内容有机结合，为教师提供了一个很好的教学及科研的切入点。具体读写教学策略的实施，能够提高教学有效性；同时，对教材文本的梳理研究和教学策略的制定也将极大提升教师的科研能力。

③ 基于学科发展角度，本课题将借助教材提供的经典选文，通过课外拓展阅读经典著作，读写贯通，可形成循序渐进、可操作性强的阅读写作教学策略，大量的研究案例也将为本校校本研修提供翔实、有价值的研究资料。

（2）理论价值

① 思辨读写充分体现了新课标理念，是一种提高语文教学效率和学生批判性思维能力的有效的教学方法。在学习过程中学生可以把自己的思路和别人共享，遇到的疑难也可以在与同学交流碰撞中得到启发或解决。学生更多地拥有了表达自己见解、倾吐自己看法的机会，拥有了评价和讨论他人观点的机会以及弥补或完善自己思维漏洞的空间和时间。

② 思辨读写训练，既能培养学生追求事实、逻辑和情理相统一的思维技能，又能培养学生追求合理、公正和创新的现代思维方

式，还能培养学生尊重、理解、包容与创新的现代人格。

③ 在教学中引导学生学习思辨性阅读和表达，便于学生增强思维的逻辑性和深刻性、认清事物的本质、整合思维与表达的亲密关系，有助于形成一套具体可感、循序渐进的读写理论教程。

二、文献综述

（一）概念界定

1. 思辨读写

"思辨读写"是在语文教学中引入"批判性思维"产生的新的读写理念、方式与形态。在阅读姿态上，强调独立自主地阅读，以个体的人生经验和体验介入文本，寻求与作品对话的空间与平台；强调阅读过程中的质疑与求证、对话与反思，寻求文本、逻辑和情理的统一与一致；同时，在经过分析、澄清、审查、论证、权衡与综合的基础上，确立最合理的判断、观点与结论。

思辨读写这个概念最先由上海师大余党绪老师在《我的阅读改进之道：思辨性阅读》一文中提出并阐发。2015年，上海教育出版社出版了在思辨读写理念指导下编写的《中学生思辨读本》（余党绪编著），该书成为此领域极有影响的普及读物。

2. 批判性思维

批判性思维是一种可以和创造性思维相并举的思维策略与技能。普遍使用的批判性思维概念意指"聚焦于信什么做什么的反省的和合理的思维"。它包含了解释、分析、评估、推论、说明、自我权衡等能力。

"Critical"源于希腊文，意指"基于标准的判别性判断"。在日常用语中，人们往往夸大了Critical具有苛评、挑剔、吹毛求疵，甚至无端指责他人错误和缺陷的意思，却忽略了"批判"同时意味着清楚、真实、公平地看待一件事物。从苏格拉底到杜威，他们都强调了质疑、理性、分析和评价等批判性思维的核心内容。"批判性思维"也具有德育与人格的意义，主要包含以下品质：思想开放，包容多元，追求公正，尊重理性，鼓励创新。

（二）国内外研究现状

1. 理论研究

批判性思维作为一种思维技能活动，发源于西方。早在20世纪初，社会学家威廉·格雷安·索姆奈就在其《社会习俗论》一书中指出：批判性思维是塑造优秀市民的最佳教育方式。以美国为首的西方国家对于批判性思维倾向的研究很多，代表人物包括格拉泽、恩格斯、保罗、麦克派克、赛格尔等。他们不仅探讨批判性思维的概念、内涵、特征、意义等，而且致力于相关的教材编制及课程安排。

在中国传统教育中，《礼记·中庸》里的"博学审问慎思明辨"以及胡适主张的"大胆假设、小心求证""有一份证据说一份话"都包含了批判性思维的特质。近年来，批判性思维的研究在国内也日益受到重视。北京师大刘儒德于1996年便指出批判性思维的重要性，并对其内涵、意义，在教育教学中的意义及培养途径进行了探讨；罗清旭也对相关问题进行了分析和讨论；文秋芳等学者针对外语专业学生思辨能力的贫乏即"思辨缺席症"现象，进行批判性思维提升研究等。

事实表明，批判性思维已成为中国学生素质上的重要缺陷。美国杜克国际教育发布的《2012中国SAT年度报告》在分析了中国学生的成绩后，得出了"中国教育缺乏对批判性思维的训练"的结论。《北京青年报》就此发表了"跨学科知识的广度、批判性思维是中国学生缺乏的"评论。

2. 实践探索

批判性思维已成为教育发达国家的教学标配内容。从1991年开始，美国就要求各级各类学校将培养学生的批判性思维作为教育的重要目标。1998年，联合国教科文组织在《面向二十一世纪高等教育宣言：观念与行动》中，第一条就把"培养批判性和独立态度"视为高等教育培训和从事研究的使命之一。美国研究生考试（GRE）在2002年增加了"分析性写作"，美国高考（SAT）在2005年将原来的"言语"部分改为了"审辨式阅读"。

2009年，美国制定了"中小学教育共同核心标准"，目的在于让下一代"在21世纪全球竞争的环境中符合知识和职业的需要，使美国在各等级的竞争中全面领先"，"共同核心标准的实质就是批判性思维和深度分析的能力"；芬兰的《新国家课程大纲》将"具有批判性思维的创新能力"作为重要内容。

在国内，部分高校开设了批判性思维课程，中小学基本上还处在起步阶段。教育部高等学校文化素质教育指导委员会批判性思维和创新教育分指导委员会一直致力于推进中小学的批判性思维教育。

上海师大附中特级教师余党绪老师主持的中国教师发展基金会立项为独立重点课题（2015年10月开题）"中学生批判性思维培养与思辨读写教学实践研究"，在批判性思维与语文教学相结合的探索道路上，做了许多开创性和前沿性的工作，极大地带动了国内中学语文界批判性思维教学的研究和实践。至今已召开过三次全国性课题年会，该课题影响巨大，截至2017年5月，全国各地教师申请的子课题项目已达100余项。

这一课题针对中国现阶段中学生思维能力发展的短板而提出，顺应时变，具有很强的现实针对性和未来预见性。该课题致力于培养具有创新精神的未来人才，通过思辨性阅读与写作，探索培养中学生批判性思维能力的路径和方法，提升中学生的语文能力与语文素养，以形成具有中国特色的语文批判性思维教学的课程体系与教学方式。

该课题提倡在语文教学中践行"思辨读写"这一理念，强调阅读的思辨性与批判性倾向，认为批判性思维应该致力于培养学生具备尊重、理解和包容精神的现代人格；培养学生合理、公正和创新的现代思维方式；通过文本解读和写作活动，培养学生追求事实、逻辑、情理与表达相统一的思维技能。

该课题的研究目标是通过思辨性阅读与写作来培养学生的批判性思维，构建以表达能力与思维方式的培育为导向的现代语文教学体系。余党绪老师也指出阅读教学要严格尊重文本及其结构，追求文本分析最大的"合理性"。习作在本质上是思维与表达的整合问题，也应从思维入手，从表达落笔。

我校课题正是此总课题下的子课题之一，也是基于这样的要求，并结合艺术生特点和认知水平而开展的。

三、研究思路

（一）研究阶段

本课题共分为准备阶段、全面实施（中期）阶段、总结阶段三大阶段。

准备阶段（2018年3—8月）的主要工作是确定课题的研究方向，收集相关资料，厘清基本概念，组建课题组，整体设计课题实施方案，形成课题开题报告，并召开开题报告会。培训课题实验教师，真正拓展教学观念，为课题研究顺利进行打下最坚实基础。

全面实施（中期）阶段（2018年9月—2019年6月）则主要是将目标分解到位，按既定方案开展专项研究，并不断完善实施方案，改进研究与实验工作。工作有：根据总体方案，进一步培训实验教师；根据研究目标，确定阅读与写作内容，并进行思辨读写的实践与训练；举行课例观摩或公开课，公开征求意见；进行中段总结，为进一步研究奠定基础。

研究总结阶段（2019年6—7月）的主要工作是全面总结和展示研究成果，主要包括论文、课例、学生作品集等，在此基础上总结经验教训，完成结题研究报告，并形成相应的论文和成果集。针对研究中出现的问题，进行总结和反思，提出自己的看法。

（二）研究方法

本课题主要采用文献分析法、行动研究法、案例研究法和经验总结法等多种研究方法。

文献分析法，主要用于收集资料，了解信息，学习"批判性思维"理论，借鉴已有成功经验，为思辨读写寻求理论依据，此方法将贯穿整个研究过程中。

行动研究法，着眼于研究实践过程中随时修改和完善课题实施方案。

案例研究法，在思辨读写研究实践中积累实用案例，为后继教学提供相关技能与方法。案例研究的步骤是：确定研究对象（经典名著或写作素材），进行个案现状评定；收集个案资料；个案资料整理与分析；问题的矫正与指导；追踪研究；形成结论。

经验总结法，分析存在的问题，总结成功经验，撰写课题研究报告。经验总结法主要用于研究过程中及时提炼和总结经验，为后续研究指明方向，在摸索中不断前进。

四、研究发现与收获

（一）通过课内教材阅读，培养、提升艺术生理解辨析能力，达到对课内经典文本的合理化解读

从教材出发有助于教学目标和教学内容的确定，也非常便于操作，教师引导艺术生认真研读教材文本，获取独特体验，然后从不同维度、不同层面观照文本，获得深切、新颖的理解。

在《苏武传》一文教学中，教师借鉴汇总了多名优秀教师的做法，也尝试采用创设"我采访苏武"的情境对话方式，引导学生思维向纵深发展，取得了不错的效果。高水平的思维能力有助于学生形成丰富的情感认知，学会独立而有条理性地表达，进而对社会问题进行独到的思考。要做好访谈，采访者要充分熟悉采访对象，确定好主题和问题，拟定好提纲，并能在采访中自然衔接、环环相扣。思维的发展与提升往往是内隐的，创设对话教学情境，恰恰是使其外化的有力手段。

"我采访苏武"，即创设学生与主人公苏武对话的情境，拉近学生和主人公之间的时空距离，还原文本信息，增强感性体验。教师启发学生：苏武离我们很远，那是一个距离我们两千多年的人；苏武距离我们很近，他在苦寒之地坚守气节，千百年来又时时参与着我们民族的精神生活。如果这位历经苦难、白发苍苍的老者，手持汉节、表情凝重、身影单薄、神色坚定地站在你的面前，作为一位采访记者，你最想问他什么问题？请同学们把问题写出来。

① 你有过多次生死选择，起初选择的是拔剑自刎，而后来在北海牧羊时，又为什么选择坚持活下来呢？

② 你在匈奴忍辱待了19年，这期间妻子改嫁，母亲也去世了，如果给你一次穿越时空重新来过的机会，你又见到自己的亲

人，你最想对他们说些什么？

③ 在匈奴漫长的19年里，哪些困难对你来说是最难克服的？

④ 在匈奴漫长的19年里，你最怀念故乡的什么？

教师要创设采访情境，让学生在这个过程中直接以记者身份向主人公苏武提问，学生感受到文本中的古老人物与现实生活的关联，打破时空阻隔与苏武进行亲密接触，为发展丰富的想象和联想思维创造可能性，深化了学生情感，情感又牵动思考，开启了学生思维向纵深发展的闸门。

采访结束后，教师接着出示一段《左传》里的材料，引导学生继续深入思考：崔杼在家里当场把齐庄公杀了。皇帝被杀，别人不敢去看，但晏子要去吊唁，他站到了崔家的门口，于是就有了下面的对话。

晏子立于崔氏之门外。其人曰："死乎？"曰："独吾君也乎哉，吾死也？"曰："行乎？"曰："吾罪也乎哉，吾亡也？"曰："归乎？"曰："君死，安归？君民者，岂以陵民？社稷是主。臣君者，岂为其口实？社稷是养。故君为社稷死，则死之；为社稷亡，则亡之。若为己死，而为己亡，非其私暱，谁敢任之？且人有君而弑之，吾焉得死之？而焉得亡之？将庸何归？"

这段文字提出了一个问题，什么是真正值得提倡的忠诚，晏子用不死、不逃、不归的态度回答了这个问题。那么回到我们这节课的主人公苏武，他一味地服从君主的命令，这种忠诚与晏子的忠诚相比对，哪个才是我们这个时代真正需要的忠诚？请大家结合今天的学习体验，把你的观点写出来。

在学生固有经验中，苏武是忠诚的化身，在与晏子完全不同的价值观的冲突中，学生产生了进一步追问和探究的兴趣，他们受到触动和启发，抛开固有思维定式，开启了一种新的追求开放、追求

第三篇 潜思躬行 辐射引领

合理的思考方式，在这个过程中思维就不断地走向批判和创新。

（二）通过写作教学，培养、提升艺术生表达反思及创新能力，学会多角度深层次的表述方式，学会发表深刻独到的见解

在学习史记名篇《鸿门宴》后，教师让学生谈一谈"刘邦和项羽到底谁是英雄"。学生讨论中各持不同观点，有的赞成刘邦，有的认同项羽，很是热烈。我就让学生把自己的看法写下来。结果，学生分析得头头是道，下面就学生写出的看法举一例。

以前一直认为项羽有勇无谋，而刘邦虽然是无赖出身却懂得听取别人的意见，懂得任用人才。其实两人都是褒贬互现，各有所长。但一曲《垓下歌》唱罢，请允许情绪化的我说说自己更喜欢的人——项羽。

我认为不该以成败论英雄。什么是真正的英雄？是那些骨子里有着英雄气概的人，是热情真诚、刚直勇敢、光明磊落、礼贤下士的人，是对于自己的信念坚定不移的人，对于自己的理想勇于追求的人。项羽更加拥有这种英雄的骨子。这种英雄的骨子是不会因为英雄的消失而消失的，反而历久弥新，令人敬佩。而且，之所以项羽是我心目中的真英雄，是因为他懂感情、重感情。一个能主宰一时而不懂爱的人是不完整的人，至少不能令我折服。项羽与虞姬的故事轰轰烈烈，感人至深，在危难时英雄与美人难舍难分的真感情面前，尘世的是是非非是否显得渺小、庸俗了呢？这也是项羽这个英雄人物最真、最感人的一面。

我甚至有一个荒唐但又自觉有理的想法。项羽当时在江边自刎只是因为"无颜面对江东父老"吗？不是，还有虞姬。自己心爱的人死了，活有何趣，死又何憾？有真感情的项羽是为了真感情而死，死得悲壮，死得伟大。豪杰争权算什么？在我心里，远比不上那不虚此行、感天动地的爱情来得纯洁、伟大。为情而死，也许在别人看来是"目光短浅"，但能理解并拥有这种感情的，世间又有几人呢？

我理解项羽，支持项羽。

这篇文章分析从文本而来，据文本得出，看重爱情的分量，欣赏男女主角的抉择，自是令人赞叹，当然这也仅是一家之言。但只要学生能在阅读中思考，思考后有感而发，且言之有理，就是一种成功，一种收获。

五、研究成效

本课题研究成效有以下几个方面。

一是精心优化教材内容后，学生学习课本的兴趣更加浓厚，学生反复阅读学习后理解更深、收获更大、分析更透彻了。

二是通过整本书思辨性阅读、课外拓展阅读、群文阅读以及任务群学习等，学生文字敏锐性明显提升，批判性思维能力日趋成熟。一年来的整本书思辨性阅读训练，使他们的阅读目的更加合理、有效，阅读状态开始超越感觉与情感性，更加接近真知与真理，阅读过程也更加具有反思性。在群文阅读训练中，师生通过文本之间的链接、群聚与有目的的组合，以文本的内在关联推动学生在阅读中思考与发现，以达成"提供多元视角，培养批判性思维和多元认知"的目的。

三是构建写作序列，通过读写教学实践，以写促读，有效提升了艺术生质疑求证、对话反思及表达能力。研究中又分别从内容、结构、语言表达等角度进行细化研究。在构建写作序列过程中，学生加深对相应文体知识的理解，并通过阅读深化，通过写作强化，以达到提升表达及反思能力的目的。

六、存在的问题

不可否认的是，在艺术生语文教学中基于思辨性读写提升艺术生批判性思维能力的研究，在取得令人欣喜的成效的同时，也存在着一些亟待解决的问题。主要有以下几个方面。

一是艺术生的专业技能学习和文化知识学习的双重学业压力较大，导致艺术生读书的时间少，愿望也不足，许多工作开展困难，有时候空有想法，研究难以深入开展下去。

二是有人将思辨性阅读、文学性阅读与实用性阅读并列，似乎要将文学作品排除在思辨性阅读之外，这显然不合乎文学阅读的规律。事实上，文学是我们认识世界与人生的重要路径，也是我们学习民族语言与文化的重要资源。

三是在阅读方式上，以感受、体验为标志的趣味性阅读依然占据着主导地位。以趣味性阅读的方式来开展阅读教学，很大程度上导致了阅读教学的低效与无效，但要在短时间内改变这种状况也比较难，尚需假以时日。

四是要及早摆脱长久以来"感知—印证"式阅读的影响。整本书的思辨性阅读蕴含着丰厚的思辨教学资源，这取决于我们能否摆脱感知—印证式的桎梏，走向深度分析与合理论证。习惯了感知—印证式阅读的人，喜欢笼而统之、大而化之，而不习惯复杂的分析与论证，甚至畏惧这种看似烦琐的思维劳动。但是，要想获取关于世界与生活的真相和真知，我们必须养成全面而复杂的眼光与思维，不惮于复杂与烦琐的分析论证训练。习惯了感知—印证式的人，思维的惯性力量非常强大，大到足以让他忘记了常识的存在。而思辨性阅读，则要求读者始终保持着理性的质疑状态，正如理查德·保罗所说："我不会随意认同任何信念的内容，我只认同自己形成这些信念的过程。我是一个批判性思考者，而且，正因为如此，我随时准备摒弃那些不能为证据或者理性思考所支持的信念。我已经做好了紧紧跟随证据和推理，任凭它们把我引领至何方。"着眼于"证据与推理"，阅读过程就自然地转化成为思维过程。

七、反思和讨论

针对以上问题，我们认为，要推进艺术生语文教学中基于思辨性读写，提升艺术生批判性思维能力，应该采取以下对策。

（1）精减语文教材，使标准教材校本化，符合艺术生特点和需要，减轻减小学生学业压力。

（2）精选课外读物，从众多名著里优中选优，尤其要选择适合艺术生专业特点和成才特点的名著。

（3）可通过在日常教学中讲解相关的逻辑知识，拓宽学生思路，开阔学生眼界；开设各种形式名著导读课，激发学生阅读的兴趣，逐渐改变他们的阅读方式，使他们养成爱动脑勤思考，运用批判性思维能力的良好习惯。

（4）努力实现在语文教学的思辨阅读中实现两个转化：一是将经典名著资源转化为学生的成长资源，二是将阅读过程转化为分析论证的思维过程，可简称为"经典名著资源化，阅读过程思维化"。

参考文献：

[1]余党绪.思辨性阅读是整本书阅读的内在需要［J］.语文学习，2019（6）：9-14.

[2]朱文君.让孩子更全面地感应世界：曹文轩教授访谈录［J］.小学语文教师，2011（7）：6-9.

［3］刘倩，马云鹏.创设多重对质情境，提升学生思维能力
　　［J］.中学语文教学，2018（11）：15-17.

［4］葛福安.采访苏武、我是苏武、我说苏武：以《苏武传》
　　为例谈"情境创设"的运用［J］.中学语文（上旬·教学
　　大参考），2007（11）：25-28.

［5］洪合民.课堂"微写作"在阅读教学中的有机渗透［J］.
　　山东教育，2014（15）：28-29.

仰望星空逐梦，脚踏实地前行

——张丕荣名师工作室2021工作印痕

"同声自相应，同心自相知。"

2021年3月，张丕荣名师工作室（以下简称"工作室"）由青岛市教育局授牌成立。工作室成员由来自全市不同学段的七所学校四个专业的十位教师组成。

工作室以"在示范中发展，在发展中引领，骨干培养，成果辐射，自我提升，共同成长"为总体发展理念，以"文艺相融，智美并育"为教学研究与实践探索的核心思想，进行了一系列扎实有效的工作与探索。工作室注重语文与艺术学科的融合发展，创建普通中小学教育和艺术教育合作机制。探讨在语文教学实践中恰当采用吟咏诵读、舞蹈改编、课本剧表演等新颖有趣的形式，致力于中华优秀传统文化的继承、发展与创新，提升中小学生核心素养，培养学生综合能力。"文艺相融，智美并育"理念，是对接促进中小学生全面发展"十个一"项目行动计划的落地举措。

第三篇 潜思躬行 辐射引领

张丕荣名师工作室启动仪式

过去的一年，我们工作室做到了以下几点：

用心规划，认真落实；智者引领，重视教研；课堂实践，精研教学；沉淀反思，成长突破；城乡交流，媒体宣传；室室联合，美美与共。

一年来，取得了以下成果。

荣誉称号：

青岛市教学能手（2人）

即墨区教学能手（1人）

即墨区优秀少先队辅导员（1人）

胶州市师德标兵（1人）

胶州市三八红旗手（1人）

青岛市委教育工委党史学习教育宣讲员（2人）

优质课、公开课、教学能力大赛等：

青岛市优质课一等奖（1人）

青岛市公开课（3人）

青岛市名师开放课（1人）

青岛市城乡交流课（1人）

青岛市级教研活动经验介绍交流（2人）

全国职业院校教学能力比赛二等奖（1人）

青岛市教学能力比赛二等奖（1人）

青岛市班主任能力大赛二等奖（2人）

青岛市微党课大赛一等奖（2人）

青岛市班主任优质课三等奖（1人）

山东省中小学生校园艺术节优秀实践教学成果奖（1人）

即墨区优质课二等奖（1人）

胶州市公开课（1人）

胶州市班主任基本功大赛一等奖（1人）

胶州市班主任优质课二等奖（1人）

课题、论文：

青岛市教育学会课题立项（1项）

胶州市课题立项（1项）

参与的国家级课题子课题结题（1项）

参与的省级"十三五"规划课题结题（1项）

国家省市级刊物共发表论文（12篇）

2021年全国名师工作室创新发展成果博览会，课例、教学设计等分获特等、一等、二等奖（6人）

山东省优秀班集体2个（2人）

工作室一年中开展了丰富扎实的工作，简要梳理如下。

一、用心规划，认真落实

工作室启动之初，全室人员共同商量制定了考核细则，有加分奖励项，也有减分警戒项，以制度规范来约束每个人，使工作室活动落到实处。激励大家积极参与活动，开设各类优质课、公开课，广做研究，多出成果。

工作室制定了详细可行的三年规划和年度具体目标，也让每个成员参照工作室目标结合自身特点制定了个人三年规划及年度发展目标，按时间顺序，以表格方式制定，便于后期对照完成。经过一年的努力，大部分目标圆满完成。

工作室成员克服各种困难，先后开展了线上、线下各类教研活动共13次。

有整本书阅读指导、读书交流会、送课下乡城乡交流、课例探究、外出学习、比赛观摩等多种多样的活动，拓宽了工作室成员的教育视野，打开了工作室成员的思路，更大大激发了工作室成员投身教育、做好教育的热情。在工作室和谐融洽、互帮互助的氛围中，大家认真学习教育理论，实践课程教学，提升了语文素养，提高了教育教学水平。

二、聆听智者教诲，重视教研引领

过去的一年，工作室聘请了青岛艺校校长王伟、青岛市职教教研员胡修江老师做导师，青岛经济学校卢齐老师为特聘专家。专家们对工作室各项活动进行了悉心指导。

2021年5月，卢齐老师讲座1次，题目是《让教师在工作室中成长》。

2021年11月，胡修江老师做了《中职语文"新课标与学科核心素养"》的讲座2次。

2021年11月，工作室走进胶州职教中心，进行公开课打磨评课活动1次，并进行了播音课、舞蹈课送课下乡、城乡互动上课评课系列活动。

王伟校长开设讲座指导2次。

2021年11月，华东师范大学朱益明教授讲座1次，题目是《教师、教育和教育研究》，朱益明教授分析了时代与教育、教育与教师的新使命、新任务，引导校长、教师开展基于学校发展和问题意识的"真研究""真课题"。

2021年12月，工作室成员共同观看了谭永平老师的《教学情境的创设》百家讲堂公益直播。

2022年1月8日，工作室成员共同观看了首届语言教育大会在线直播。

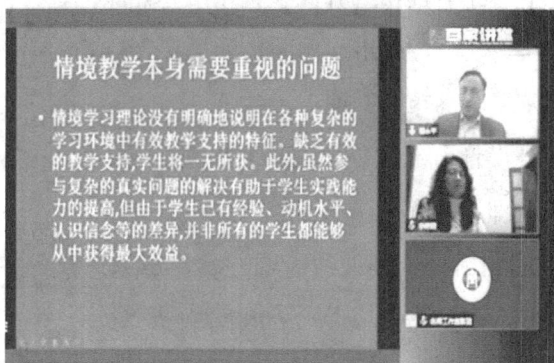

工作室成员观看首届语言教育大会在线直播

教授深入浅出地讲解，让教师如淋甘露，如饮甘泉。

三、躬身课堂实践，精研课堂教学

课堂是最能体现教师核心素养和教学水平的主阵地，课堂活动起到桥梁和梯子的作用，正如徐霞客在《游黄山记》中所写："塞者凿之，陡者级之，断者架木通之，悬者植梯接之。"精研了先进教育理论后，针对工作室成员不同专业学科的特点，工作室把实践重点放在打磨课堂活动上。在平时的教研活动中，工作室注重引领成员结合实际学情以及课程特点，对所授教学内容反复解读、分析，在课堂教学过程中注重对学生的启发、引导，形成思维的碰撞，引导学生逐渐迈向深层次学习，最终获得知识，提升能力，形成综合素养。这一年中，工作室成员在课堂活动展示上可谓百花齐放：

张丕荣获青岛市优质课比赛一等奖；

魏雪获全国职业院校技能大赛教学能力比赛二等奖；

王丽华获青岛市教学能力大赛二等奖、开设青岛市交流课；

王晓红、于琛分获青岛市班主任能力大赛二等奖；

潘秀平开展了青岛市公开课、胶州市公开课，获胶州市班主任基本功大赛一等奖、胶州市优质课二等奖；

张洋开展了青岛市公开课；

宁晓赟开设青岛市公开课、青岛市名师开放课；

张晓飞获即墨区优质课二等奖。

从模仿到创新，从仰望到实践，工作室成员在教学上精研细磨，彼此促进，教学水平均得到了很大提高。

张丕荣名师工作室成员合影

四、学习中沉淀反思，反思中成长突破

苏霍姆林斯基说过，如果想让教师的劳动能够给教师带来乐趣，使天天上课不至于变成一种单调乏味的义务，那就应当引导每一位教师走上从事研究这条幸福的道路上来。

工作室多次举办读书沙龙活动：《孔子传》的线上交流，《美的沉思》的线下研讨……成员将读书与写作结合起来，及时地将所感所悟诉诸笔尖，有12篇论文发表在国家级、省市级期刊上，其中包括核心期刊。

王晓红老师的《结合专业有效导入提高语文课堂实效》和于琛老师的《形式多样的语文课堂教学让中职"困难学生""动"起来》发表在《中国教师》上，魏雪老师的《在传统文化学习中利用朗诵提升学生核心素养的策略研究》、王丽华老师的《心染芝兰久自香》和潘秀平老师的《浅谈核心素养背景下中职语文教学文化传承与参与的培养》发表在《教学与研究》上，张晓飞老师的《"双减"下小学书写水平现状及写字教学的重要性浅谈》和赵利老师的《古诗文教学探究》发表在《教育学研究》上，宁晓赟老师的《基于岗位需求的中职信息技术课程教学研究》发表在《教育与研究》上。

在工作室的引领和指导下，工作室成员参加了2021年全国名师工作室创新发展成果博览会，6人课例、教学设计等分获全国特等、一等、二等奖。

五、城乡交流促发展，媒体宣传添光彩

秉持工作室扎实推进"三研活动"（以研促学、以研促教、以研促研）的宗旨，在教科院专家胡修江、孙泓老师的指导下，2021年11月16日，张丕荣名师工作室联合赵津艺名师工作室走进胶州职教中心，举行了公开课磨课活动和送教下乡教学展示活动。

公开课磨课活动和送教下乡教学展示活动

工作室成员和胶州市职业教育中心学校的教师进行了充分的互动和热切深入的交流，共同探讨培养学生核心素养的途径和三教改革的举措，并为潘秀平老师即将举行的青岛市级公开课进行磨课指导。张洋和魏雪两位老师分别开设了《中国古典舞蹈基本功训练》《语言表达的情景再现》城乡交流课，受到了胶州市职教中心学校领导及教师的高度认可和赞扬。通过现场教学教研，工作室搭建教师成长平台，积极开展工作室教师与兄弟学校教师的交流活动，推进课堂教学改革，学习、借鉴先进教学经验，全体工作室成员同成长、共进步，收获满满。整场活动，青岛电视台全程跟踪报道，展示了工作室的风采和成长。

六、姊妹工作室联合，美美与共齐头并进

注重与姊妹工作室联合，共同举办活动，共同参与，共同提高。

与中职语文赵津艺名师工作室联合举办活动

与中职语文赵津艺名师工作室联合举办活动3次，互相启发，互相学习，齐头并进，美美与共。

七、不足与困惑

工作室存在了以下几个方面的不足与困惑。

第一，对于微信公众号信息的撰写与上传，工作室一般能及时做到每活动一发布，但有时稍一忙碌就造成迟误现象，导致活动信息的新闻时效性大打折扣。其中存在的倦怠心理需改正，日事日毕意识需加强。

第二，导师听工作室成员课活动，一年中经常因意外之事打断，尚未完全轮转一遍，需挤时间完成并及时给出合理化评课建议。

第三，日常活动中工作室成员的出勤率还需提升。

行远自迩。这一年，工作室的工作步伐稳健。感谢孙泓老师、刘锋老师、章鹏主任等教科院领导的关怀和支持。

勠力同心。工作室所有成员一起走在理想大道上，一路走来，既辛苦付出着，也幸福收获着。回头有一路的故事，低头有坚定的脚步，心中有挚爱的学生，抬头有清晰的远方！

名师助力共筑梦，咏舞艺术"语"精彩

——张丕荣名师工作室胶州职教中心磨课、送课、交流活动纪实

为充分发挥名师工作室的示范、引领、辐射作用，提升工作室成员的课堂教学水平，促进成员间教学交流以及城乡学校同步发展，2021年11月16日，青岛市张丕荣名师工作室、赵津艺名师工作室走进胶州市职业教育中心学校，举行了公开课磨课活动和送教下乡教学展示活动。本次活动特别邀请工作室导师青岛市教科院语文教研员胡修江老师、青岛市教科院孙泓老师进行指导，工作室全体成员参加了此次活动。

胶州市职业教育中心学校的领导高度重视此次活动。刘元福校长、匡德宏副校长、办公室王述先主任和教导处孙鹏主任、邓新持主任等领导参加了活动的启动仪式，并进行了友好的交流探讨。

公开课磨课活动和送教下乡教学展示活动

【公开课磨课促提升】

工作室成员潘秀平老师紧紧围绕中职语文学科核心素养展开课堂教学，运用散文的语言，带领大家走进故都北平，赏故都秋之韵，悟达夫秋之魂。教师通过品细腻语言赏秋韵、感悲凉情愫解秋魂和展心中之秋共传承三个教学环节，以实现教学"让学生知道"向"让学生探索"的转变，有效提升了学生阅赏散文、品味情感的能力。

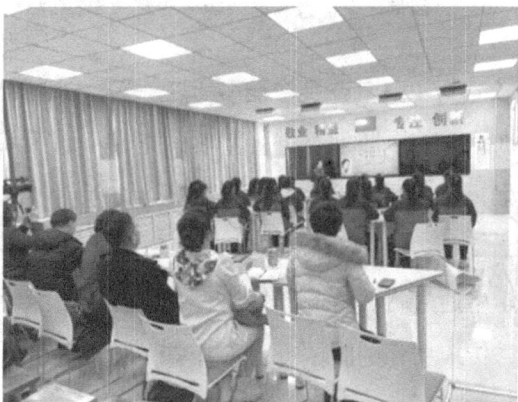

潘秀平老师公开课《故都的秋》磨课

【送课交流精彩纷呈】

送课的魏雪老师在课堂教学实践中，将课程思政与学生职业技能提升有机结合。在讲解《语言表达的情景再现》一课时，魏雪老师从职业目标确定，职业技能体验、展示、评价等环节，将未来幼儿园教师的必备技能有机地融入了课堂教学中。整个课堂师生互动良好，气氛和谐融洽，学生掌握了基础知识，提高了专业技能，此次课堂教学给大家留下了深刻的印象。

魏雪老师《语言表达的情景再现》

　　送课的另一节《中国古典舞基本功训练》，张洋老师以中国古典舞基本功训练中的下肢训练进行教学，完成从地面练习到把上练习的训练过程，充分调动学生的学习积极性，他将"开、绷、直"的单一动作练习运用到舞蹈表演中去，丰富古典舞动作语汇的表达，使其让学生通过古典舞综合性组合和剧目片段的欣赏，感受和体会中国优秀传统文化的肢体美、语言美、形象美和行为美。

张洋老师《中国古典舞基本功训练》

【专家点评思想拔节】

教研员胡修江老师对潘秀平老师的课进行了认真细致的指导。指出一堂好的语文课应该以学生为中心，是紧紧围绕学生的成长而展开的，课堂教学要注重生成性。在课堂教学中，教师应该更加注重让学生去品味、去探索，而不仅仅是让学生知道。教师在教学中不要片面求全，而要抓住一个点把它讲透、讲足；要拓宽学生视野，难能可贵的是触动学生的心灵。

教科院孙泓老师从教学实际出发，对教师分别进行集体点评和个别指导。孙泓老师指出教师要讲出这个课程独有的"味道"，让学生在课堂学习中知识上有收获、技能上有提高、思想上有触动。教师在课堂教学中要多关注学生，让学生动起来，学生能做的，教师不要代办。一堂优秀的课，应该是讲着讲着，教师"不见了"。

胡修江老师讲评

第三篇　潜思躬行　辐射引领

孙泓老师点评

【名师指导阔步前行】

工作室主持人张丕荣老师总结说，来自工作室的年轻教师专业各有不同，接到授课任务后，都非常珍惜这个难得的交流切磋、校际展示和相互学习的机会，认真备课。三堂课展现了教师扎实的教学基本功，教师在课堂教学中紧扣新课程标准，注重对学生核心素养的培养，注重从学生实际出发，以小组合作形式启发引导学生进行质疑探究，体现了学生主体地位，恰到好处的多媒体技术的运用增加了知识的广度与深度，也增添了课堂教学的趣味性，教师的示范很好地起到了画龙点睛的作用。潘秀平老师文思敏捷的写作示范、张洋老师玉树临风的形体动作、魏雪老师声情并茂、惟妙惟肖的情景再现，既充分展现了教师扎实的教学基本功，使学生豁然开朗，也是学生学习的典范，是学生专业成长的榜样。

大爱「语」精彩——教育教学行研思

张丕荣老师发言

与会老师开展交流分享活动

　　张丕荣老师还特别感谢胶州市职教中心学校为此次活动提供合作平台，给了工作室成员展示、交流、合作的机会，对学校的优质管理、教师严谨好学的态度和学生良好的班风学风大加赞赏。

　　教科院孙泓老师评价说，本次张丕荣名师工作室到胶州职教中心学校的磨课、送教、教研交流活动非常有特色，很有示范意义。既突出了语文工作室特点，以语文学科为中心吸纳多专业青年人才加盟，助力优秀青年教师加速成长；又很好地以所在学校为依托和后盾，推动校际教研交流，为青岛的教育均衡发展贡献自己的智慧和力量；同时携手兄弟工作室，拓宽了工作室活动的范围和思路。

孙泓老师接受电视台采访

【合作交流美美与共】

青岛艺术学校与胶州职教中心学校一直有密切的教学合作，互相学习，互相帮助。本次活动中，青岛艺术学校声乐教研室主任刘晓京老师作为工作室特约专家，也一同参加了此次主题活动，对胶州职教中心学校高小妹老师讲授的《摇篮曲》声乐课，进行了现场听课，并做了细致的点评与指导。

胶州职教中心学校高小妹老师讲授《摇篮曲》

刘晓京老师精彩点评

刘晓京老师评课中指出，课堂教学要突出学生主体地位，培养学生综合素质，给予学生充足的时间用于知识的消化和自主练习，同时教师要通过科学的示范，帮助学生更好地将理论知识应用于实践。刘晓京老师还指出，教师要注重与学生开展互动，积极获取学生的课堂反馈，就演唱技巧、作品内涵及情感思想与学生进行交流，分享彼此对歌曲的理解和感受，从而优化教学质量，提升课堂教学效率。

【名师工作室——共同成长的平台】

张丕荣名师工作室成员由来自青岛市不同学段的七所学校五个专业的十位教师组成。本次活动秉持工作室理念，扎实推进"三研活动"（以研促学、以研促教、以研促研），在教科院专家的指导下，通过现场教学、教研，搭建教师成长平台，积极开展教师交流活动，推进课堂教学改革，学习、借鉴先进教学经验，全体工作室成员同成长，共进步，收获满满。

青岛电视台对工作室本次活动全程报道，工作室致以衷心感谢！

第四篇

4

案例导读　曲径通幽

阿喀琉斯的致命脚踵

——《荷马史诗》

一、作家故事

（一）史诗

中国的古代文学中一直没有"史诗"的概念或名称，我们现在讲的"史诗"这个词是由西方单词"epic"翻译而来，它通常是指以民间传说或重大历史事件为题材的长篇叙事诗。史诗常常分成两种：传统史诗（英雄史诗）和文学史诗（文人史诗）。传统史诗是叙述远古英雄传说或重大历史事件的长篇叙事诗，如荷马的《伊利亚特》和《奥德赛》；文学史诗是指那些由伟大的文学家、艺术家精心模仿传统形式创作出来的史诗，如古罗马维吉尔的《埃涅阿斯纪》、英国弥尔顿的《失乐园》等。此外，史诗还经常指那些与以上两种史诗不完全相同但显示出宏大深邃的史诗精神的作品，如《神曲》《战争与和平》等名作。

史诗的主要特点很明显。史诗是长篇叙事诗，以民间传说或重大历史事件为题；既描写人间，又描写神界，英雄往往是半人半神；先以口头创作形式在民间流传，后经专人整理成统一作品；美学风格庄严崇高，伟大严肃；往往成为研究历史的重要依据。

（二）《荷马史诗》故事来源

《荷马史诗》是西方文学现存最早的文学精品，与后世的《神曲》《哈姆莱特》《浮士德》并称为"欧洲文学四大名著"，是古希腊长期流传的关于特洛伊战争的英雄传说的总结。约公元前12世纪末，在古希腊人与特洛伊人之间发生了特洛伊战争，历时10年，特洛伊人战败，战争故事在民间世代流传。约公元前9—前8世纪，盲诗人荷马根据战争传说加工整理成两部具有完整情节和统一风格的史诗《伊利亚特》和《奥德赛》，合称为《荷马史诗》，约在公元前6世纪用文字把它们写定下来。

（三）关于荷马

当今留存的关于荷马的资料稀少，他大约生活在公元前9—前8世纪，是一个年老的盲歌手，过着流浪生活，被称为"行吟诗人"，当时的希腊还没有文字，只知道诗人荷马具有超人的记忆力、美妙的歌喉和卓越的歌咏技巧。

二、经典再现

（一）《伊利亚特》含义

《伊利亚特》直接描写特洛伊战争，全诗共15693行，分为24卷。希腊人把特洛伊城叫作"伊利昂"，"伊利亚特"就是"关于伊利昂的故事"的意思。久逝的岁月给特洛伊战争蒙上了一层神秘的色彩，但是，包括希罗多德和修昔底德在内的历史学家一般都不否认这场战争的真实性（后世的考古发现证实确实存在特洛伊古城）。

（二）《伊利亚特》故事

特洛伊战争起源于"不和的金苹果"，为争夺一个女人。相传阿喀琉斯的父母（英雄佩琉斯与海神的女儿忒提斯）在结婚举行婚礼的时候，邀请所有奥林匹斯山众神赴宴，唯独忘了邀请不和女神厄里斯，她对此怀恨在心。厄里斯偷偷来到婚宴上，放下了一个金苹果，上面写着"送给最美的女神"。天后赫拉、智慧女神雅典娜、爱与美女神阿佛罗狄忒都自认为最美，她们相持不下，发生了争执。为争夺这个金苹果，她们去找众神之王宙斯评判，结果宙斯拒绝评判，让她们去找人间的英俊美男子、特洛伊王子帕里斯。

帕里斯是特洛伊王子，他的母亲生他前做了一个噩梦，梦到特洛伊受到大火洗礼，预言家告诉她，她这个儿子将来会毁了特洛伊，因害怕预言应验，这个孩子一出生就被扔到山里抛弃了。但没想到帕里斯命大并没有死掉，母熊用奶喂养他长大成人。后来，特洛伊举行一场赢取公牛的竞技比赛，有众多英雄参加，帕里斯也参加了比赛，结果他力大出众，战胜了所有的人，连赫克托尔也败给了他。在这场活动中，预言家认出了帕里斯的身份。帕里斯的父母很高兴帕里斯还活着，不顾之前的预言，欢天喜地把他接回王宫。

三位女神急不可耐地来到帕里斯面前，请求他把金苹果判给自己，并纷纷向他许以好处。赫拉许诺"我会让你成为世界上最伟大的国王"，雅典娜许诺"我可以让你成为盖世英雄"，阿佛罗狄忒则许诺"我能让你娶到世界上最美的女人做妻子"。结果，美女战胜了国王和英雄，帕里斯最后把金苹果判给了阿佛罗狄忒。他成了阿佛罗狄忒的宠儿，而赫拉及雅典娜心生嫉妒，决心毁灭特洛伊人。

斯巴达王廷达柔斯的妻子勒达有四个儿女，美丽的海伦以美貌冠绝希腊，求婚者接踵而来，每个人都想娶她做妻子，以致争斗不断，这令廷达柔斯不知所措。最后机智的求婚者奥德修斯向廷达柔斯进言："让海伦自己决定，并让所有求婚者起誓，他们对海伦的丈夫永不拿起武器攻击他，并且在他需要求援时全力帮助他。"所有求婚者应允后，海伦选中了英俊的墨涅拉俄斯，廷达柔斯死后，墨涅拉俄斯就成了斯巴达国王。

重返特洛伊后，帕里斯王子受到阿佛罗狄忒的唆使，让他以客人的身份去探访斯巴达国王。斯巴达国王外出不在，宴会上帕里斯和海伦互生情愫，心醉神迷，帕里斯唆使海伦离开丈夫，海伦为了爱情抛弃了一切。当天夜里，帕里斯将宫中珍宝和美丽的海伦一起劫走，回到了特洛伊。

希腊部落认为这是希腊人的奇耻大辱，于是，各部落组成了联军，准备夺回美丽的海伦。大家公推斯巴达国王的哥哥阿伽门农为统帅，阿伽门农建议召集当年起誓的英雄一起攻打特洛伊。阿喀琉斯也来了，他就是佩琉斯与忒提斯的儿子，注定是要做伟大英雄的悲剧人物。女神忒提斯知道儿子阿喀琉斯会死于特洛伊，当阿喀琉斯还是婴儿时，忒提斯就用仙露给他擦遍全身，提着他的脚后跟将他放在天火中煅烧（另一说法是放在冥河水中浸泡），令他刀枪不入。

阿伽门农率领10万大军，战船1186艘，浩浩荡荡杀向特洛伊。希腊联军和特洛伊人激战了九年，一直相持不下，双方死伤惨重。到了围城的第十年，在分发战利品的时候，希腊联军统帅阿伽门农得到了阿波罗神庙祭司克律塞斯的女儿克律塞伊斯，最勇敢的英雄阿喀琉斯分得了美丽的布里塞斯。

祭司克律塞斯心疼自己的女儿，来到希腊大营，再三请求愿意拿出大量赎金赎回女儿。希腊联军中只有阿伽门农不许，并骂走了克律塞斯。于是，克律塞斯向太阳神阿波罗控诉，阿波罗很生气，令瘟疫在希腊军营蔓延，导致大批人死去。在军中大会上，阿喀琉斯要求阿伽门农归还克律塞伊斯，以平息阿波罗的怒气。阿伽门农大怒，但在众目睽睽之下只得遵从，然而他要求把阿喀琉斯分得的女奴布里塞斯拿来。阿喀琉斯被激怒了，他不能忍受这种屈辱，愤怒地宣布罢战，怒气冲冲地和朋友帕特洛克罗斯回帐篷去了。从这天起，阿喀琉斯就一直不参与任何战事。结果，希腊联军接连吃了败仗。

特洛伊人在伟大英雄赫克托尔的率领下，连战连捷，希腊大军连连后退。阿伽门农目睹希腊军的惨败，无计可施，只好派人请阿喀琉斯重返战场，并且向阿喀琉斯承认了错误，但是阿喀琉仍然不出战。

阿喀琉斯的好友帕特洛克罗斯看到特洛伊军队已经突破希腊联军的壁垒，纵火焚烧他们的战船，情况十分危急，向阿喀琉斯借铠甲和武器，假冒阿喀琉斯奔向战场。果然，特洛伊人一见身穿闪亮铠甲的帕特洛克罗斯，以为是阿喀琉斯重新上阵，吓得不战而乱，争相逃命。帕特洛克罗斯击退了特洛伊军队的多次攻击，但在与赫克托尔的对决中，力不能敌，被赫克托尔刺死，赫克托尔脱下了他的铠甲穿在自己身上。这铠甲原是天神送给阿喀琉斯父母的礼物。

好友之死引起阿喀琉斯的第二次愤怒。朋友的死令他痛不欲生，他终于提枪上马，重返战场！在胜利的砝码马上偏向了希腊联军，特洛伊人节节败退之时，阿喀琉斯穿上新打造的闪亮的铠甲，手持长矛、盾牌，好像天神下凡，又像一头被激怒的猛狮一样冲进敌阵，见人就杀，勇猛无比，全身溅满了鲜血，他到处寻找赫克托尔。赫克托尔不顾家人反对，毅然应战。两个战场的大英雄开始了决定战争命运的一场比拼。最终在神的帮助下，阿喀琉斯占了上风，残忍杀死了赫克托尔。

特洛伊人失去了主帅，失去了最勇敢的战将，形势岌岌可危。希腊联军猛攻特洛伊城，混战中，帕里斯从迷雾中射出一箭，恰好射中了阿喀琉斯的脚后跟，使他受了致命伤。他的四肢逐渐僵冷，倒在大地上，大地都在震颤。特洛伊人对已死的阿喀琉斯仍然心怀恐惧，不敢靠近。

特洛伊人心惶惶，城门紧闭，再也不敢应战，之后双方又混战了几天，各有伤亡，帕里斯被射死。希腊人全力攻城，损失惨重，仍不能得手。

足智多谋的奥德修斯想出一条妙计。一天，希腊联军的战舰突然扬帆离开了，军营也全被火烧成灰烬，喧闹的战场变得寂静无声。特洛伊人看见希腊人撤军回国了，兴高采烈地来到城外，却发现海滩上留下一匹巨大的木马。特洛伊人惊讶地围住木马，他们不知道这木马是干什么用的。有人要把它拉进城里，有人建议把它烧掉或推到海里，正相持不下的时候，发现木马下面藏着一个希腊人，他神情惊惧，哭诉说："救救我吧！希腊人都不愿再打下去了，已撤军回国了。临行前怕雅典娜怪罪，他们就制造了这木马作为献礼，并用我的血作为祭品。幸亏我挣断绳索逃跑了。他们估计你们会毁掉它，这样就会引起天神的愤怒。但你们如果把木马拉进城里，就会给特洛伊人带来神的赐福，所以他们把木马造得这样巨大，使你们无法拉进城去。"特洛伊国王相信了这话，正准备把木马拉进城时，祭司拉奥孔跑来制止，要求把木马烧掉，并拿长矛刺向木马。木马发出了可怕的响声，这时从海里窜出两条可怕的蛇，扑向拉奥孔和他的两个儿子。拉奥孔和他的两个儿子拼命和巨蛇搏斗，但很快被蛇缠死了。两条巨蛇从容地钻到雅典娜女神的雕像下，不见了。

希腊人又说："这是因为他想毁掉献给女神的礼物，所以得到了惩罚。"特洛伊人赶紧把木马往城里拉。但木马实在太大了，它比城门还高，为了把木马拉进城里，特洛伊人只好把城墙拆开了一段。当天晚上，特洛伊人欢天喜地地庆祝胜利，他们跳着唱着，喝光了一桶又一桶的酒，直到深夜才回家休息，醉醺醺地做起了和平生活的美梦。

深夜，一片寂静。劝说特洛伊人把木马拉进城的希腊人其实是一个间谍。他走到木马边，轻轻地敲了三下（这是约好的暗号），藏在木马中的全副武装的希腊战士一个又一个地跳了出来。他们杀死了睡梦中的守军，迅速打开了城门，并在城里到处点火。这时，隐蔽在海平线以外和群岛后面的希腊军队迅速返航，如潮水般涌入特洛伊城。可怜特洛伊人在睡梦中，家园被烧成一片灰烬，男人大多被杀死，妇女和儿童大多被卖为奴隶，财宝都被装进希腊联军的战舰，特洛伊城被洗劫一空。海伦也被墨涅拉俄斯带回了希腊。十年的特洛伊战争就此结束。

三、人物欣赏

《伊利亚特》是欧洲文学史上第一部以战争为题材的作品，重点表现英雄主义和集体主义精神。从神话的角度来看，特洛伊战争源于"不和的金苹果"，可实际上特洛伊战争与其他战争一样，是为了争夺财富、美女和奴隶，希腊人却将其神化了。史诗成功塑造了一批丰满的、具有重大历史内涵和艺术价值的人物，如阿喀琉斯等。

阿喀琉斯勇敢无畏，英勇善战。神谕显示阿喀琉斯有两种命运，一种是默默无闻而长寿，另一种是在战场激战中早夭。作为母亲忒提斯当然希望自己的儿子活得长久，从小就把阿喀琉斯化装成女孩，想用这种办法来躲过战争。但是面对刀剑，阿喀琉斯表现出来的是兴奋，他在母亲的伤心中上了战场。他自己也清楚，自己将葬身于特洛伊城下，但他依然挺身参战。战场上他连连获胜，以至于特洛伊士兵一看到他就心惊胆战，望风而逃。

他珍爱友谊，听到好友阵亡的噩耗，悲痛欲绝，愤而奔向战场为友复仇。母亲警告他，为朋友复仇将使他在战场上丧生。阿喀琉斯愤怒地叫道："如果命运女神不让我为好友复仇，我宁愿死去！他远在异乡丧命，我没有援救他，现在我的短促的生命对希腊人又有什么用呢？让宙斯和神祇们所规定的命运降临到我的头上来吧！"

他天真善良，有同情心。当赫克托尔白发苍苍的老父亲只身潜入阿喀琉斯军营，跪在阿喀琉斯面前，吻着他的手，让他想想他也是个有父亲的人，阿喀琉斯立刻想起了自己死去的父亲。赫克托尔的老父亲说自己有五十个儿子都在战场上死了，赫克托尔是他最后一个儿子，请求阿喀琉斯把尸体还给他。阿喀琉斯伤心极了，亲手归还了赫克托尔的尸体，并且答应休战十二天，让特洛伊人为他们的伟大英雄举行葬礼。这个时候的阿喀琉斯是温和、善良、体贴的。

他暴躁凶狠。当阿喀琉斯得知好友被特洛伊人杀死时，他愤怒至极，怒而参战，这时他表现出来的不只是勇猛和无畏，而是一种残忍和残暴。冲天的愤怒使他变成了嗜杀的恶魔，他在特洛伊军队中乱砍乱杀，尸体堆积如山，把河道都堵塞了。河神站出来要他不要滥杀无辜，他挺起长矛就刺了过去，河神被吓得慌忙逃窜。当赫克托尔和他进行决战时，要求立约：如果谁杀死了对方，不要凌辱他的尸体。阿喀琉斯根本不听，为了泄愤，竟将赫克托尔的尸体拴上战车绕城三圈，然后让周围将领每人上去戳一枪，尸体被戳得血肉模糊、千疮百孔，并被暴晒三天。

他傲慢任性。为了一个女俘而和统帅闹翻，愤而退出战斗，造成联军的惨败。

最重要的方面，是他对个人荣誉和尊严极度敏感。阿喀琉斯不畏死亡走上战场，因他把勇敢视为最高荣誉。他热爱自己的民族，但如果个人荣誉、尊严受到伤害时，维护这种荣誉和尊严就上升到第一位，甚至到了不管不顾的地步。

可见，阿喀琉斯是多侧面性的，并非各种单一性格的简单叠加，而是凝聚成为一个有机的整体。他既天真又固执，既残暴凶狠又温厚善良，既有年轻人的任性无礼又尊重老人……在一种情境下，他的性格的某一侧面鲜明地凸显出来；在另一种情境下，他的性格的另一侧面又凸显出来，像一块旋转的五彩石，既绚丽多姿又浑然一体。黑格尔说："关于阿喀琉斯，我们可以这样说：'这是一个人！高贵的人格的多方面性在这个人身上显出了它的全部丰富性。'"

四、艺术魅力

（一）阿喀琉斯之踵的象征意义

别林斯基指出："长篇史诗里的人物应该是民族精神的充分代表。但主人公应该以自己的个性表现民族力量的丰沛、民族的根本精神的全部诗意。荷马的阿喀琉斯就是这样。"著名学者冯友兰先生在区别海洋国家和大陆国家时，化用孔子"知者乐水，仁者乐山；知者动，仁者静；知者乐，仁者寿"的意思说，海洋国家的人是知（智）者，大陆国家的人是仁者。希腊是一个海洋国家，崇尚大海，具有一种像大海一样汹涌澎湃的性格。希腊这样的民族，喜欢斗争，喜欢冒险，喜欢享受现世的欢乐，尽管他们意识到了这样的享受可能会给他们带来灾难。所以希腊的民族性格可粗略概括为，以个人为本，崇尚冒险，喜欢享受现世的欢乐，哪怕会给自己带来灾难。如果承认这个概括，你就会觉得，的的确确，阿喀琉斯身上多个方面展现了个人本位的希腊民族性格特点。史诗中有一个细节，阿喀琉斯作为希腊民族的英雄形象的典型，有着健美身躯，有着过人胆识，有着超强武艺，但是他身上有一个致命弱点——脚后跟。结果就是阿喀琉斯被帕里斯的暗箭射中脚后跟而死。这是一个很偶然的不值得讨论的细节呢，还是作者的一个精心安排？史诗作者为什么要在他身上放置这样一个致命弱点呢？脚后跟有什么象征意义吗？

我们已经提到，阿喀琉斯在他的女奴被统帅阿伽门农抢走以后，十分愤怒。他的愤怒是有理由的，但是他竟然愤怒到完全不顾本民族利益的那种程度，任由希腊联军众多将士被特洛伊人杀死而无动于衷，甚至竟希望希腊人多多流血牺牲。他的这种把个人荣誉和自尊置于民族集体利益之上的意识，就是他思想上的致命弱点。因此，阿喀琉斯的悲剧性与其说在脚后跟，不如说是在他的头脑里。因此，他身上的致命伤其实也是希腊民族的致命伤，特别是在战争中，一个民族如果起了内讧，不可避免地会失败，甚至灭亡，这个损害是巨大的。史诗这样写，包含着伟大的自省精神。

（二）探索延伸

古希腊神话中还有这样一个故事。那尔基索斯（河神科菲索斯与水中女仙利里奥佩所生）是一位风度翩翩的美少年，原是女神之子。他很傲慢，不仅执拗而且自负。回声女神埃科对他产生了炽热的爱，却遭到那尔基索斯当面冷酷的拒绝。埃科羞愧不堪，失望难过，独自躲进密林中，忧郁而死，化成一块顽石。后来，还有其他的女仙受过他的侮辱。为了惩罚他，惩戒女神涅墨西斯使他对自己映在水中的倒影燃起了爱恋之火，但是他无法和水中的影子拥抱、亲吻，他为此整天愁苦不安，郁郁不乐，折磨自己。他的精力被不幸的爱情耗尽了，终于合上了双眼。他死后的躯体，变成一朵黄心白瓣的水仙花，一直在水中顾影自怜。其实这则故事表达了"对狭隘的自我中心主义的批判"。

一个真正的史诗作者，一个对自己民族负有高度责任感的作家，都应该认真思考自己民族的精神。荷马尤其令人敬佩，这位盲瞽之人，其实有一双锐利的眼睛，他不仅看穿了历史，而且看穿了未来，他借阿喀琉斯脚后跟这样一个细节表现出来的民族自省精神是非常宝贵的。我们学习、研究西方文化，也应该具有像荷马这样的自省精神。

"阿喀琉斯之踵"譬喻这样一个道理："即使是再强大的英雄，也有致命的死穴或软肋。"

以爱驱散仇恨与黑暗

——《悲惨世界》

　　维克多·雨果（1802—1885年），法国文学史上杰出的诗人、戏剧家、小说家、批评家、散文家，法国民族伟人，一生充满磅礴的激情、充沛的人道主义精神，是伟大的浪漫主义者，一生为正义、光明和真理鼓与呼，是真正的斗士和勇士。

　　他是伟大的文学家，在涉足的领域取得了丰硕的功绩，达到了登峰造极的顶点，留下的是令人仰望的背影。

　　他在长期反拿破仑三世专制独裁的斗争中，成了那个时代的一面旗帜、一种精神，他是人民的代言人，是穷人、弱者、妇女、儿童和悲惨受难者的维护者，他对所有人献出了崇高的赤诚的博爱之心。他的这种博爱，正如有的批评家指出的那样，"像天堂纷纷飘落的细细的露珠，是货真价实的基督徒的慈悲"。

一、作家故事

　　雨果出生于法国东部贝尚松省，父亲是拿破仑军队里的将军，母亲则是波旁王朝的忠诚拥护者，他生活在政治对立的家庭中。雨果12岁时，他的母亲和父亲正式分居了，父母的矛盾终于走到了不可调和的地步，本来性格不和，相处就不融洽，不仅政治信仰不同，而且彼此感情早已疏远淡漠。

雨果早年受母亲影响，政治保守，拥护王朝，反对拿破仑。他15岁时写的诗歌就充满灵性，受到法兰西学士院几十位院士的交口称赞。雨果天资聪颖，在母亲的督导下，依靠自己不折不扣的勤奋叩开文学大门。母亲总是不断提醒他，"一个人的价值在于他的才学，而不在于他的衣着"。雨果谨遵母亲教诲，勤学苦读，潜心创作，从小就立下了远大的志向，"要成为夏多布里昂，此外别无他志"。

雨果在初期文学创作上推崇古典主义。此后，他转向资产阶级自由主义立场，积极参加浪漫主义文学运动。他的文论《〈克伦威尔〉序言》（1827年），猛烈抨击古典主义的"三一律"，成为法国浪漫主义文学运动宣言，并且提出了著名的"美丑对照"原则和"艺术自由"原则。他的戏剧《欧那尼》（1830年）的成功上演，则是法国浪漫主义战胜古典主义的标志。1831年，他完成了著名的长篇小说《巴黎圣母院》的创作。

1851年，路易·波拿巴发动政变，恢复帝制，称拿破仑三世。雨果持坚决反对的态度，走上街头与群众一起战斗。许多人都认出了雨果，把他围起来：

"雨果公民，该怎么办？"

"撕掉违反宪法的布告，高呼共和国万岁！"

"要是他们开枪呢？"

"那你们就拿起武器。每个人都有两只手：一只手握住你们的权力，一只手握着武器……"

有人说："他们会打死您的。"

雨果很平静地说："那你们就拖着我的尸体沿街走，如果我的死激起正义，那也是美好的事。"

然而起义失败了，雨果被迫化装成一个排字工人逃离巴黎，开始了长达20年的漫长流亡生涯。

在法国人心目中，流亡的不幸使雨果变得更加伟大。儒勒·雅南在给雨果的信中说："您是我们的领袖，您是我们的上帝；您就是生命之神，唯一的不足是您远离我们。"雨果也曾自豪地说："不是我被摒弃，是自由被摒弃；不是我流亡在外，是法兰西。"

1859年8月，雨果拒绝了拿破仑三世的大赦，发表严正声明："我忠于对自己许下的诺言，誓与自由一起流亡到底。自由回国之日，才是我回国之时。"

作家自身的不幸，往往是文学创作的大幸；流亡束缚了雨果的自由，却还给我们一位诗人。流亡期间是雨果创作的高产期，其间他写作了著名的长篇小说《悲惨世界》（1862年）、《海上劳工》（1866年）、《笑面人》（1869年）等。

1870年，拿破仑三世倒台，接着普法战争爆发，晚年的雨果回国了，可谓去时有内忧，返时是外患。雨果回国受到了举国上下的热烈欢迎。从火车北站到不远处雨果下榻的住宅，轿式马车在人群簇拥中足足走了两个多小时，雨果向人们连续发表了四次演说。人群中的呼喊声此起彼伏，在巴黎城的上空久久回荡。"仅仅这一个小时，就足以抵偿我20年的流亡生活了。"雨果感慨地对身边的同伴说道。伟大的人物往往生前备受冷落，雨果却是一个例外。他虽然历尽坎坷，饱尝苦难，但也获得了人们的崇敬和爱戴。

1885年5月15日，雨果感染了肺炎，5月22日夜晚，雨果溘然长逝。他弥留之际，用嘶哑的声音说道："人生便是白昼与黑夜的斗争，我看见了漆黑的光。"这是他生前最后的话。次日，法国宣布为雨果进行国葬，雨果灵柩安葬在先贤祠。

贯穿雨果所有创作的核心思想是人道主义，雨果反对专制，反对暴政，揭露社会罪恶，对无产者的深切同情等，无一不是出于他的深厚的人道主义思想。雨果甚至把人类社会中的一切矛盾都归结为善与恶的矛盾，也把人类历史看作这两种力量不断斗争的产物。雨果认为，善良之心人皆有之，无论男人还是女人，军人还是神父，穷人还是富人，统治者还是被统治者。只是在有的人身上这善被埋没了，只要用"爱"用"善"去感化，这被埋没的善还会生长出来。雨果坚信爱终将征服恨，善必将战胜恶，罪恶社会终会垮台，人性一定会复归。因此，在他的小说中，理想的正面人物不但勇敢坚强、吃苦耐劳、不屈不挠，而且都具有仁爱慈善、宽容大度、自我牺牲、道德化人的精神，如爱斯美拉达、加西莫多、冉阿让等，读这些故事无不令人受益匪浅，感慨之，钦佩之。

二、经典再现

雨果的代表作长篇小说《悲惨世界》创作于1862年，这部作品的写作动机源于真实事件。1801年，法国一个名叫彼埃尔·莫的贫苦农民，因偷了一块面包被判了5年苦役，出狱后，他黄色的身份证使他在就业中屡遭拒绝。这件事引起雨果的注意。1828年左右，他计划以此题材写一本小说，小说于1845年开始动笔，1862年完成。

用一句话来概括这部小说的基本情节，就是冉阿让的悲惨生活史。冉阿让的一生充满着坐牢、苦役和颠沛流离的痛苦，这是小说的主要线索。当然在这条主线之外，作品中还穿插着芳汀、珂赛特、德纳第等其他几个人物的故事，总体而言，作品描写的中心就是"那些不幸者的'悲惨世界'"。

作者在《悲惨世界·序》中谈到了写这部作品的根本原因。"只要因法律和习俗所造成的社会压迫还存在一天，在文明鼎盛时期人为地把人间变成地狱并使人类与生俱来的幸运遭受不可避免的灾祸；只要21世纪的三个问题——贫穷使男子潦倒，饥饿使妇女堕落，黑暗使儿童羸弱——还得不到解决；只要在某些地区还可能发生社会的毒害，换句话说，同时也是从更广的意义来说，只要这世界上还有愚昧和困苦，那么，和本书同一性质的作品都不会是无益的。"

这段话是理解小说的钥匙。文学就是为表达思想服务，创作就是要干预现实生活，雨果从来不隐讳自己的观点。谈到创作本书的目的，他在给拉马丁的信中写道："如果说一个激进者意味着为理想服务的话，那么我便是激进派……是的，允许贫苦存在的社会，允许地狱存在的宗教，允许战争存在的人类，在我看来是低劣的社会，低劣的人类和低劣的宗教，而我却是要追求崇高的社会，崇高的人类，崇高的宗教，即没有君主政体的崇高的社会，没有边界的崇高的人类，没有手写的教义的崇高的宗教。是的，我要和以谎言作为交易的神父，以及践踏正义的法官做斗争……是的，只要一个人可以抱有希望，我便希望消灭笼罩在人类头上的噩运；我要痛斥奴隶制，我要消除贫困，根绝愚昧，我要治疗疾病，我要驱散黑暗，我要憎恶仇恨。这便是我的信念，这正是我要写《悲惨世界》的原因之所在。"

三、品读欣赏

雨果在作品中探讨了三个重要问题，并提出了解决途径。

第一个是法律问题。雨果认为保护私有财产的法律和习俗把人间变成了地狱，法律在处罚方面犯的错误比犯人在犯罪方面犯的错误还大。

"犯了过失，并且招认了，处罚又是否苛刻过分了呢？"

"法律在处罚方面所犯的错误，是否比犯人在犯罪方面所犯的错误更严重呢？"

"被释放并不等于被解放。他固然出了牢狱，但仍背着罪名。"

"世间有些不幸的人，先由自然环境造成野兽，再由人类造成囚犯，直到老死。"

"……这个被法律抛弃的贱人以愤怒的眼光注视着所有的人。"

"他一切思想的出发点和目的全是对人类法律的仇恨；那种仇恨，在它发展的过程中，如果得不到某种神智来加以制止，就可以在一定的时刻变成对社会的仇恨，再变成对人类的仇恨，再变成对造物的仇恨，最后变成一种无目标、无止境、凶狠残暴的为害欲，不问是谁，逢人便害。我们知道，那张护照称冉阿让'为人异常险狠'，不是没有理由的。"

冉阿让在狱中一直琢磨：他认为社会对他的遭遇是应当负责的，他下定决心，将来总有一天，他要和它算账。他宣称他对别人造成的损失和别人对他造成的损失，两相比较，太不平衡。

出狱时，冉阿让计算过，他的储蓄，按照他在狱中度过的岁月计算，本应有171个法郎，但经过七折八扣之后，到出狱时只领到109个法郎。他虽不了解其中的道理，但他认为他总是吃了亏。让我们把话说明白，他是被人偷窃了。

"由痛苦到痛苦，他逐渐得出了一种结论：人生即战争，并且在这场战争里，他是一名败兵。他除了仇恨以外没有其他武器。于是他下定决心，要在监牢里磨炼他这武器，并带着它出狱。"

"年复一年，这个人的心慢慢地、但是无可挽救地越变越硬了。他的心一硬，眼泪也就干了。直到他出狱的那天，十九年中，他没有流过一滴泪。"

如果说冉阿让在苦役过程中不断地积累恨，这是人性的丧失、灵魂的堕落的话，是谁之罪？在雨果看来，答案很明显，是社会，是整个社会参与了这件事，社会要对此负责。

怎么解决这种现象呢？

惩罚轻一点就好了，不要极力使用强制性的惩罚，而要尽量用仁慈宽恕去感化那些犯了罪的人，以让他们迷途知返，如米里哀主教对冉阿让。人性本善，冉阿让最初是耿直善良的，他疼爱自己姐姐家的孩子，他愿意工作但找不到工作，他为了温饱不得已偷盗。因为一点小小的过错触犯了严苛的法律，遭遇了远超惩罚的痛苦，他认为这一切是社会给他造成的，使得他仇视社会，立意向社会复仇。

米里哀主教用非凡的仁慈感化了冉阿让，促成了冉阿让的转化。这个转化，不仅仅是改名换姓，或由穷工人变成阔老板，或由苦役犯变成一市之长，更重要的是他在这过程中由对社会、对他人的恨转向了博爱，即由一个仇视社会的人变成了一个充满仁爱的慈善家。

"世界上比海洋广阔的，是天空；比天空广阔的，是人的胸怀。"

"主教曾在他心中唤醒了善，珂赛特又在他心中唤醒了爱。……年龄相差50岁，这在冉阿让和珂赛特之间是一道天生的鸿沟，可是命运把这鸿沟填起来了。命运以它那无可抗拒的力量使这两个无家可归、年龄迥异而苦难相同的人骤然融合在一起了。……萍水相逢，却是如鱼得水。他们的两只手一经接触，便融成一片了。"

第二个是贫穷问题。贫穷使人潦倒、堕落、犯罪。

他写道："芳汀的故事说明什么呢？说明社会收买了一个奴隶。向谁收买？向贫苦收买。向饥寒、孤独、遗弃、贫困收买。令人痛心的买卖。一个人的灵魂交换一块面包。贫苦卖出，社会买进。""……生理上的疾病加深了精神的创伤。这个25岁的人儿

（芳汀）已皱纹满额，两颊浮肿，鼻孔萎削，牙齿松弛，面色铁青，颈骨毕露，肩胛高耸，四肢枯槁，肤色灰白，新生的金发丝也杂有白毛了。可怜！病苦催人老！"

怎样解决呢？解决的办法就是要富人对穷人多多照顾，兴办慈善事业，给他们就业的机会，改善劳动条件，不断提高工人的工资待遇，开办医院、学校和各种福利事业。马德兰市长在这方面做出了典范，使本来萧条衰落、没有生机的地方呈现一片繁荣。

第三个问题是愚昧问题。雨果认为，愚昧造成社会的罪恶与黑暗，如恶棍无赖德纳第对芳汀的无耻敲诈、对小珂赛特的严酷虐待，既不是因为法律对他不公，也不是因为他贫穷，而是因为他愚昧。

雨果认为要靠良好的教育才能解决愚昧问题。他说"社会的良好教育可以从任何类型的灵魂中发展它固有的优点"。"人类的真正区分是这样的：光明中的人和黑暗中的人。""减少黑暗中的人，增加光明中的人，这就是目的。要做到这点，就需要教育、科学。"

概言之，雨果认为世界上存在高级和低级两种法律，高级的法律是仁慈和爱，它可以杜绝罪恶，唤起良知，拯救人类；低级的法律是刑罚，它依靠惩治，只能激起仇恨，加深犯罪。高级的法律关注的是根本，低级的法律只是注意表象。雨果最推崇的是人道主义、道德感化，他认为这是改良社会的最重要的法宝。

冉阿让是《悲惨世界》的主人公，是法律的受害者、博爱精神的化身，先由好人变成窃贼，后由窃贼变成圣徒。他出身贫寒，曾因一块面包连续被判19年苦役，出狱后决定报复社会，继续偷盗，有可能变成恶人。米里哀主教的非凡善行感化了法律19年没有改造好的冉阿让，冉阿让立志为善，冉阿让的转变，表明爱的力量足可使人脱胎换骨。冉阿让历经坎坷，几次入狱出狱，他救助别人、挣脱法网的经历有传奇色彩，他的苦难令人同情，善行令人感动。作者想让冉阿让做好事，但在那种社会没钱是做不了好事的，于是作者不得不让他发财，这表明单纯的人道主义在悲惨世界中无能为力，有进步性也有局限性。

沙威是现行法律的化身，唯条律是从，他冷酷凶狠、尊敬官府、仇视反叛，他对冉阿让的追捕、对芳汀的处理，充分显示了当时法律对下层人民的严酷，但他不是个本性恶劣的小人，他忠于职守、铁面无私、执法如山，但又头脑简单，只管违法者不考虑法律的内容是否合理。冉阿让以德报怨饶沙威一命，这件事动摇了沙威的固有意识和想法，他后来也放走了被抓住的冉阿让，从此以后他的责任心与良心无法统一，只好投河自尽。作者通过描写他的精神崩溃和自杀，表现了法律在崇高的道德面前的渺小虚弱，更显示出了博爱的强大力量。

四、艺术魅力

《悲惨世界》同时运用了浪漫主义和现实主义两种创作手法。

雨果以浪漫主义的视角与手法安排材料、塑造人物，为人物提供活动场景，如让贫穷的苦役犯冉阿让一跃成为蒙特猗市的企业主和市长。雨果这样写的重要目的是要借发达后的冉阿让表现出富人如何行善、如何改良社会。另外，雨果赋予冉阿让这一形象极度理想化的、震撼人心的精神力量和人格力量，使他的行为超出常人。例如，冉阿让对所有人的包容和宽恕，他悲天悯人的施舍和救济，他持有的仁爱之心、同情之心。与此同时，雨果为顺利让冉阿让做成以上事情又赋予他近乎超人般的巨大力量和能力。

《悲惨世界》中的许多细节描写充满浪漫风格甚至不乏夸张和神秘色彩。例如，冉阿让救老人时只身顶起无比沉重的马车；在巴黎，他神奇地一跃成为有钱人、企业主、市长；在法庭上，他的头发短时间内由斑白变为全白；为逃脱看守他徒手折断监狱的铁条；船上救人时，他一锤砸断脚链；沙威作为他一生的对头总是如影随形跟着他；遭沙威追捕时，冉阿让如有神助翻越难以攀爬的高墙进入修道院；他被装入棺材中鬼使神差地逃出修道院；等等。

与此同时，《悲惨世界》对现实生活也有深入细致的描写和感受理解，表明雨果十分关注现实问题。雨果通过对冉阿让、芳汀、珂赛特、德纳第等人物形象的塑造，提出了一系列的社会问题，通过这部小说表达他对现实生活中各种问题的看法，探讨解决问题的办法，探讨社会的出路。

另外特别要说明的是，小说语言极具雨果的特色，高昂、激动、热情，运用多义词，富有隐喻，有的句子如成语格言般耐人寻味，使小说具有一种崇高的史诗般的风格。

生活也许在地平线外

——《天边外》

一、作家故事

尤金·奥尼尔（1888—1953年），是美国著名戏剧家，美国戏剧的奠基人，著名的表现主义剧作家。

奥尼尔的戏剧创作在美国影响深远，一生4次获美国文学界最高奖——普利策奖。他在国际上享有崇高声誉，1936年被授予诺贝尔文学奖，"以表彰他那富有生命力的、诚挚的、感情强烈的、烙有传统悲剧概念印记的戏剧作品"。美国评论家甚至认为"奥尼尔之前，美国只有剧场；奥尼尔之后，美国才有戏剧"，这中肯地道出了奥尼尔在美国戏剧史上的重要地位。他的剧作推动了当今世界戏剧的发展和创新，对我国现代戏剧影响很大，如戏剧大师曹禺就十分崇拜奥尼尔。

（一）美国文化艺术界的著名奖项

"奥斯卡奖"——电影界，"艾美奖"——电视界，"托尼奖"——戏剧界，"格莱美奖"——音乐界，"普利策奖"——文学界。

奥尼尔一生4次获普利策奖。

（二）表现主义文学

表现主义文学受20世纪初盛行于西方的表现主义思潮影响，有普遍的抽象化倾向，往往具有浓郁深厚的象征意蕴，通过幻觉、梦境和错觉以及扭曲变形等手法来表现生活，提出艺术"不是现实，而是精神""是表现，不是再现"的口号。在语言风格上，表现主义文学常常表现出一种冷漠旁观和平淡冷静的客观态度，用电报式简洁、冷漠的语言进行叙述描写，很少抒情议论，喜欢使用新奇的语言、奇特的倒装、词语的重复、扭曲的句子结构等方式形成一种紧张急促的节奏，借此表现人物内心激烈狂热、非理性的情感情绪。

（三）作家故事

奥尼尔1888年10月16日出身于美国纽约的一个爱尔兰人家庭，父亲是天主教徒，一位有名的演员，母亲则是一位优秀的钢琴师。母亲生他时正随着父亲在百老汇剧院演出，住在巴特雷旅馆里。作为梨园世家子弟，奥尼尔从小就和母亲、哥哥一起跟着父亲的剧团走南闯北，过着颠沛流离的生活，在旅馆、火车上、排演场和后台中度过了他的童年。虽然这种动荡的、杂乱无章的生活给他留下了并不愉快的记忆，但在他的血液中注入了大量的戏剧色彩。

奥尼尔的经历相当复杂。10岁时，他被送进康涅狄格州斯坦福的一家天主教寄宿学校就读，之后又进入斯坦福中等专科学校学习，1906年考入新泽西普林斯顿大学，只读了一年，因闹事被开除，从此便开始了他那充满冒险精神的生涯。奥尼尔在纽约一家商行担任过秘书，然后到洪都拉斯荒野探寻金矿，没找到金矿，反而染上疟疾。回美国后在一个巡回剧团任副经理，后来又到非洲和南美洲当过水手，还当过演员、导演、新闻记者、小职员、包装工、缝纫工等，并航海来过中国。"从来没有一个长期职业。不是人家

173

很快解雇我，就是我很快向人家辞职。"他在自传中如是说。

奥尼尔长期生活在社会底层，接触的都是水手、码头工人、妓女、流浪汉等，亲眼看见人间的不平，饱尝世态炎凉，因此对底层人民生活无依无靠、悲观绝望、人与人之间的冷漠、人的命运的不可知等有着切身的感受。这样的社会生活给予他丰富的人生经验，对其日后的戏剧创作有着深刻影响。

1912年，奥尼尔因得了肺结核，身体极差，在疗养院调养了六个月。这六个月的休养生活成为他一生中的重要转折点，这次休养使他可以不再到处奔波、沉静下来仔细思考生活与未来，并潜心研读希腊悲剧以及莎士比亚、易卜生和瑞典斯特林堡等戏剧大师的作品，他被这些作品深深感动，激发起了强烈的创作欲望，立志做一个戏剧家。第二年秋，他尝试开始剧本创作，1914年开始进入哈佛大学学习贝克教授主讲的戏剧技巧课，一年后他离校了，没有学完这门课。

奥尼尔1888年10月16日生于纽约的巴特雷旅馆，1953年11月27日死于波士顿的谢尔登旅馆。据说，他死前留下一句话："生于一家旅馆——可诅咒啊——死于一家旅馆！"

"旅馆"，是羁旅人生中的暂栖地，流浪的标志；"家"，是人生的依赖和归宿地，有了家，人就不再流浪。在此，"流浪"不仅指一个人生活空间的不停变换，而且指精神上的无依无靠、无家可归；同样地，"家"也不仅仅是生活处所，更是指精神的归宿。奥尼尔的人生经历让人唏嘘之处正是在于：生活上，他终生漂泊没有一个像样的家；精神上，他经历彷徨探索，始终没有找到最后的归宿。他是双重意义上的羁旅之人，流浪之子。

（四）主要创作

剧本《东航卡迪夫》（1916年），《天边外》（1920年，表现主义戏剧），《榆树下的欲望》（1924年，现实主义戏剧），《琼斯皇》（1920年，表现主义戏剧），《毛猿》（1921年，表现主义戏剧），《进入黑夜的漫长旅程》（1956年，又名《长夜漫漫路迢迢》）。奥尼尔作为美国戏剧之父、表现主义戏剧大师，其创作充分采用了象征、表现主义等手法，创作的中心思想永远都围绕"生活的意义"这个人人都在探讨、涉及人的最深层内心世界的问题。

二、经典再现

戏剧《天边外》是奥尼尔成名作，写于1918年，上演于1920年，是奥尼尔的作品第一次进入百老汇演出并首次获得普利策奖的作品。《天外边》是一部三幕悲剧，杰出的表现主义戏剧。剧中主要人物有三个，哥哥安德鲁，弟弟罗伯特，露丝。

罗伯特身体瘦削，体弱多病，充满幻想，具有诗人气质，对农活一窍不通。他从小就经常眺望小山远处的天边外，梦想着有一天能走出闭塞、单调的田庄，出海远航。他说："我常常越过田野，眺望那边的小山（他指着天边），过了些时，我就忘记了身上的痛苦，开始做梦。我知道那些小山后面是海——许多人告诉过我——我就常常好奇，海是个什么样儿，并且想在头脑里形成一幅海的图画。（微微一笑）那时，在我看来，那个遥远的海，无奇不有。现在也一样！它当时呼唤我，正像它现在呼唤我一样。（稍停以后）有时我的眼光随着大路弯弯曲曲转到远处，转向小山，好像那条路也在寻找着海似的。于是我就许愿，等我长大了，身强力壮了，我就随着那条路，跟它一道去找海。"天边外的大海使罗伯特魂牵梦萦。他相信世界上的一切奇迹都发生在小山外面，对他来说，远行的目的远非哥哥安德鲁理解的那些实际的意义，而是一种"遥远而陌生的美"，他的远行只是为"追求那隐藏在天边外的秘密"。

　　罗伯特的愿望就要实现了，他当船长的舅舅路过田庄，答应带他出海远行。临走前一夜他一时冲动，向他哥哥的恋人露斯倾诉了自己对她的爱慕。不料露斯竟然接受了他的爱情，并向他表示自己心里爱的是他，而不是他的哥哥安德鲁。他以为他找到了天边外的秘密："我想那个秘密，从世界边缘上向我呼唤的秘密，天边以外的秘密，一定是爱情。"为了这甜蜜而充满诗意的渴望，罗伯特终于恋恋不舍地放弃了对大海的梦幻，决定留下来，他希望的同时真诚地相信"我们的爱情比任何远方的梦还要甜蜜"。

　　哥哥安德鲁没有多少文化，健壮质朴，热爱脚下的泥土，是一位脚踏实地、不怕流汗的种田好手。他深爱着露丝，在知道弟弟和露丝的事情后伤心极了，觉得自己无法在田庄再待下去，为了不伤弟弟的心，为了忘掉自己的痛苦，于是当晚决定代替弟弟随舅舅出海远航。

　　多年以后，安德鲁成为饱经风霜的商人，也早已将露斯忘记。他回到家乡，发现田地荒芜、田庄破败，罗伯特身患肺病奄奄一息，整个家庭笼罩着惨淡的愁云。露斯见到安德鲁又惊又喜，因为她早就意识到她爱的是哥哥而不是弟弟。但一切都已过去，无法挽回了。罗伯特预感自己将不久于人世，在生命的最后一刻，病入膏肓的他偷偷挣扎起来，来到山上，他仍摇摇晃晃地爬上可以看到日出的堤岸，向着远处的小山眺望，去圆自己出海的梦。他一生都被生活的重担压得透不过气，无法解脱，在生命的最后一刻，感觉自己得到幸福了、自由了，从农庄里解放出来，可以自由地漫游，永远漫游下去了。他把死看成是一次旅行："小山外面不是很美吗？我能听见从前的声音呼唤我去，（兴高采烈地）这一次我要走了。那不是终点，而是自由的开始——我的航行的起点！我得到了旅行的权利——解放的权利——到天边外去！"罗伯特最后眺望着远处梦想已久的天边外，在悔恨和渺茫的希望中死去。

三、品读欣赏

（一）《天边外》的主题

天边外既赞赏了主人公对理想的执着追求，又点明不切实际的理想主义者在现实面前不可避免的悲剧境遇。该剧最本质的思想正如剧名揭示的那样，人们必须永不停歇地去探究和发现生活最根本的意义，它也许就在地平线以外的神秘世界，同时又在告诉我们，生活中充满着无奈和不可知性。

在这部悲剧里，两兄弟都成了生活中的失败者，双方都在一时激动中选择了错误的人生道路。现实和梦想之间的错位让人黯然神伤，艰难无望但又不得不逐日忍受的生活像污泥浊水一样陷入至深，而心中的理想又远在天边外比永远还远，因为那是人一试图走近就不断逃逸的地平线。我们有沉重的肉身，而我们又有时时渴望脱窍而去的灵魂，因此，永远在困境中挣扎就是我们的宿命！

此剧三幕六场，每幕两场。一场在室外，能见到远处天边，暗示主人公的理想；一场在室内，暗示主人公和他理想之间存在的现实。两种场景的交替出现，表现了理想和现实之间遥远的距离，一如太阳与月亮的你追我赶，永远不可能有见面的机会。

（二）《天边外》的悲剧精神

《天边外》承继了希腊命运悲剧的精神。

古希腊人认为，命运是神秘的令人畏惧的力量，在无形中控制着人，古希腊悲剧就是对人在与命运抗争的过程中经历的痛苦磨难的出色描绘，《俄狄浦斯王》最具代表性，在命运的罗网中，主人公被捉弄和压抑，无论怎样竭力挣扎、抗争都无济于事，最终注定要成为杀父娶母的罪人。《天边外》和古希腊的命运悲剧有着一脉相承之处，是一出人的生存悲剧，一出梦想破灭的悲剧，是古希腊悲剧的现代回响。

《天边外》写出了现代社会中"物"对人的压抑与异化。

现代社会中，人对自身的无法把握与外在世界对人的支配合为一股具有强大吞噬力的"命运力量"，使人追求理想的一切努力最终徒然。奥尼尔认为，生活充满了悲剧，他说"悲剧难道不是我们土地上土生土长的吗？我们本身就是悲剧，是已经写成的和尚未写成的悲剧中最令人震惊的悲剧"。《天边外》的剧中人物，无一不在追求着自己的理想与幸福，而又无一能摆脱悲剧的结局，每个人都被"生活背后那股强劲而无形的力量"支配着，成为一个个生活的失败者。

罗伯特不是个好农夫，应该去远航却留在了农场受家庭的羁绊和理想的煎熬，理想得不到实现，现实又并不如人所愿。他因家中经济困难而辍学，对平凡、单调、沉闷的农庄生活不感兴趣，一心向往"天边外"的理想世界，想到那里去寻找美、寻找人生的价值与意义，但命运偏偏让他生活在现实的残酷中。或许无论罗伯特做出什么样的选择，他的结局都注定是悲剧性的；或许即使罗伯特找到了他梦想中的"天边外"，他也追求不到他想要的世界。安德鲁一心想留在农场，却在伤心与失望交织中做出代替弟弟去远航的决定，从此过着漂泊四海的生活。露丝在不幸的婚姻中猛然发现自己真正爱的人不是自己的丈夫，而是因得不到自己的爱远走他乡的安德鲁。命运的捉弄与内心的挣扎使他们一步步地走向毁灭性的结局。

《天边外》写出了人在悲剧性的存在中显示的对命运的抗争，显现了崇高的悲剧美。

《天边外》与古希腊悲剧一脉相承的不仅是命运对人的捉弄，更多的是人在悲剧性的存在中显示的对命运的抗争——悲剧精神。在表现主人公遭受苦难和不幸的同时，作家着力于塑造人物精神的不可战胜。《天边外》是悲剧，但不悲观，而是悲壮，撼人心魄，精神不朽。奥尼尔强调人在与"命运"斗争中应具有主体精神。在悲剧主人公生生不息地追求和抗争中，人格力量得以提升，精神意志的能动性得以淋漓尽致地显现，从而体现人生的价值。

　　罗伯特是一个梦想英雄，他不安于农庄毫无生气的生活，一心想寻找梦想中的"天边外"，寻找自我人生的"归属"，这是他生存的价值所在。英国美学家斯马特指出："如果苦难落在一个生性懦弱的人头上，他逆来顺受地接受了苦难，那就不是真正的悲剧。只有当他表现出坚毅和斗争的时候，才是真正的悲剧，哪怕表现出的仅仅是片刻的活力、激情和灵感，使他能超越平时的自己。悲剧全在于对灾难的反抗。陷入命运罗网中的悲剧人物奋力挣扎，拼命想冲破越来越紧的罗网的包围而逃奔，即使他的努力不能成功，但心中却总有一种反抗。"罗伯特在寻找"归属"的过程中并没有屈服于命运的安排，而是在生存逆境中不断抗争，作为一个具有诗人气质的普通人，罗伯特面对生存的困境，仍然坚定信念毫不退缩。即使躺在病床上，他也始终坚持自己的理想；一次次的命运挫伤，也从没打消他对"天边外"的向往；生活的苦难没有使他放弃幻想和追求，病入膏肓他却仍梦想着到城里去以写作为生；在生命即将结束时，他没有悲痛后悔，而是满怀幸福和希望："我最后得到幸福了——自由了——自由了！"

　　此时的罗伯特是一个悲剧英雄，在不可逃避的悲剧命运中，他始终没有绝望。他并不像古希腊英雄那样激烈地抗争命运，也不靠牺牲生命来维护人的尊严与价值，但他的这种在不可避免毁灭自己的现实中持有的幻想与希望本身，就是一种抗争，仍明显带有古希腊悲剧精神，让我们看到了普通人努力摆脱现实生活中"物"的羁绊去追求人生的理想与价值，并在不可避免失败的抗争中仍矢志不渝的精神，因此，主人公的这种抗争精神使作品具有了崇高的悲剧美感。

正如奥尼尔所说："我认为悲剧的意思是像古希腊人理解的那样。悲剧使他们变得高尚，使他们的生活越来越充实。悲剧使他们从日常生活的琐碎贪求中解放出来。"

四、艺术魅力

（一）每个人都有一个未知而神往的天边外

其实，每个人都有一个未知而神往的天边外。人在生活的重复中丧失了热情，于是不安分的灵魂总是期盼着天边外的世界。诗人兰波出生于法国小镇夏尔维勒，从小向往着云游四方。他在日记中写道：上路，戴上帽子，裹着风衣，双拳插在兜里，出发。16岁那年他第一次去巴黎，就因火车票没购足而被拘留。在领教了巴黎的冷漠与世故后，他给家人写信说："你们不要以为我生活得像个王子，我清楚自己过着愚蠢而乏味的生活。"然而他不回家，梦想去比巴黎更远的地方，去亚历山大，去塞浦路斯。他的诗句"生活在别处"，因米兰·昆德拉的引用而广为人知。

（二）生命短促，生活却有无限可能

充满魅力的生活不会是我们眼前的生活，它就像地平线，永远在遥远的别处。不断走向更远的天涯，变换生活方式，成为那些不安分的灵魂抗拒平庸的一种选择。

虽然生命短促，生活却有无限可能。没有谁是注定要过这样一

种生活的。一脚踏出，就是另一番天地，也许更好，也许更糟，毕竟体验了更多的激情。

罗伯特如果真的去了天边外，和兰波的感想不会有什么不同，还有更远的天边外……

"荒诞"中的真实与深刻

——《等待戈多》导读

一、作家故事

（一）荒诞派戏剧

荒诞派戏剧是20世纪西方现代主义戏剧流派，兴起于法国，又称"新戏剧""反戏剧"，以存在主义哲学为思想基础，以超现实的荒诞形式表现所谓世界荒谬、人生无意义的荒诞意识，代表作品有尤奈斯库的《秃头歌女》、贝克特的《等待戈多》等。

荒诞派戏剧改变了传统的戏剧观念，其艺术手法也影响了小说、电影、舞蹈等领域。虽然荒诞派戏剧的产生是20世纪的事情，但世界的荒诞性并不是仅存于20世纪，而是随着人类社会的诞生而出现。

在思想上，荒诞派戏剧以表现人生的荒诞为基本主题。其一，表现生存环境的荒诞。荒诞派戏剧中的主人公生活的世界，不是能给人安全感的正常世界，而是一个被无形的手操纵的与人为敌的陌生世界。其二，表现生存方式的荒诞。荒诞派戏剧中的主人公，不是"宇宙的精华，万物的灵长"，不是世界的主人，而是丧失了人的本质、价值的荒唐可悲的生物，全无人的尊严，丧失人格、个性，无法与人沟通，他们前途无望，生存在可悲可怕的状态中，麻木不仁。

在艺术上，荒诞派戏剧以"表现形式"的荒诞为基本特色。首先，情节结构的荒诞化，情节没有戏剧冲突，没有生活逻辑；其次，舞台形象的荒诞化，人物形象多是抽象的、无个性的、"反英雄"的形象；最后，台词的荒诞化，人生的荒诞化使语言失去意义，人物对话内容空洞、陈词滥调，或是语无伦次、莫名其妙，甚至是一连串没有意义的声音，剧作还最大限度地减少台词，剧中常常出现沉默场面。

在体裁上，荒诞派戏剧偏执于悲喜剧因素的荒诞化融合，常常用喜剧的形式表达悲剧的内涵。

荒诞派戏剧是一种"反戏剧"。传统戏剧，情境是明确的，戏剧冲突明显突出，开端、发展、起伏跌宕的波澜以及高潮与结局等环节一般完整而合乎逻辑；剧中的人物都有比较固定的身份、性格，人物之间的关系也很明确。荒诞派戏剧则没有完整连贯的故事情节；没有一浪高过一浪的戏剧冲突；没有个性鲜明的人物形象，舞台形象支离破碎；语言失去意义，不再是人们交流思想的工具。

这同《哈姆莱特》《玩偶之家》《雷雨》《茶馆》等戏剧有着显著差别，那些戏剧都有引人入胜的情节、扣人心弦的矛盾冲突、鲜明突出的人物形象，这些在荒诞派戏剧中统统没有，演出的效果当然是很差的，观众看着舞台上这些莫名其妙的人物、事件、环境，很难获得观看传统戏剧时的那种感动。1950年，尤奈斯库的《秃头歌女》在巴黎上演，观众惊愕、不解，纷纷退场，最后只剩下3个人。据说20世纪50年代《等待戈多》在美国纽约百老汇首演时，观众在剧场里高声交谈、大声咳嗽，还没等大幕落下，就已经纷纷退场。

总之，荒诞派戏剧就是用荒诞的戏剧形式表现荒诞的社会，表现人类在现代社会处境中的抽象的苦闷，表现人生的痛苦、人与人之间的冷漠、隔膜，表现"自我"的丧失、人的"异化"。作家们认为，既然荒诞是世界的本质，非理性是艺术表现的核心内容，那么有章可循的因果相连的旧程式就不能真实地表现它，而只能以与之相应的荒诞形式来表现。荒诞派戏剧内容的荒诞与形式的荒诞高度一致，再现一个完整的荒诞世界。

（二）作家故事

贝克特（1906—1989年），爱尔兰著名戏剧家、小说家，长期侨居法国，1969年获得诺贝尔文学奖。他出身于爱尔兰都柏林一个犹太人家庭，从小就目睹人民被奴役的惨状。贝克特亲身经历过"一战""二战"，法西斯的暴行，战争的残酷，人民的苦难，社会的冷漠，在他的心里留下了难以抚平的创伤，使他感到世界满目疮痍，到处"乱哄哄""一团糟"。"二战"结束后，西方社会面临着信仰坍塌、道德沦丧、物欲横流的精神危机，使他感到忧虑和迷惘，对未来也感到渺茫和绝望，从而陷入极大的痛苦与悲观的精神状态中。

他曾颇有感慨地说："人们不需要寻找忧伤，它便映入人的眼帘。"他觉得生活就寓于阴暗、空虚中，觉得"世界是荒诞的，人生是无意义的"，人们徘徊在虚无缥缈的人生道路上，等待着不可知的命运，忍受着生与死的折磨。

1938年，贝克特在巴黎街道散步的时候，莫名其妙地被一个陌生人一刀刺穿肺部，当问及对方刺杀的原因时，对方居然说"不知道"，这使他对人生的荒诞有了更加深刻的切身体验。他认为，传统现实主义戏剧无法反映生活本质上的真实，生活真实存在于人的主观世界中，戏剧应表现纯主观的东西。他说："我甚至始终认为虚构的真实比日常生活的现实更为深刻，更富有意义。"其诺贝尔文学奖获奖评语是"他的具有新奇形式的小说和戏剧，使现代人从困境中得到振奋"。

因此，他的作品更多的是通过描写在混乱社会中一群被社会挤扁了的卑贱、低下、浑浑噩噩的人物来揭示社会现实的荒诞和人生的痛苦。语言毫无意义，舞台形象支离破碎，就是贝克特的"戏剧语言"，他的戏剧中，"形式就是内容，荒诞就是真实，无理就是现实"。他的作品之所以难理解，是因为我们的艺术观念没有转过弯来。

二、经典再现

《等待戈多》是贝克特的荒诞派戏剧代表作，于1953年上演。该剧最初在伦敦演出时曾受到嘲弄，引起混乱，只有少数人加以赞扬。1956年4月，《等待戈多》在纽约百老汇上演时，被认为是奇怪的、来路不明的戏剧，只演了几场就停演了。然而，随着时间的推移，它获得了广泛的好评和认可，其内蕴和精神被越来越多的人所理解和感受到，陆续在许多国家上演，成为真正的世界名剧。

这部戏共两幕；主要人物有爱斯特拉冈（戈戈），弗拉季米尔（狄狄），波卓，幸运儿吕克，小男孩；时间是在黄昏；地点是在乡间小路旁的枯树下。

第一幕：黄昏时分，两个老流浪汉爱斯特拉冈（戈戈）和弗拉季米尔（狄狄）在荒野路旁相遇。不知道他们从何处来，唯一清楚的，是他们来这里"等待戈多"。至于戈多是什么人，他们为什么等待他，不知道。在等待中，他们无事可做，没事找事，无话可说，没话找话。他们嗅靴子、闻帽子、想上吊、啃胡萝卜。波卓的出现，使他们一阵惊喜，他们误以为是"戈多"莅临，然而波卓主仆做了一番令人目瞪口呆的表演之后，旋即退场。不久，一个男孩上场报告说，戈多今晚不来了，明晚准来。

第二幕：次日，在同一时间，两个老流浪汉又来到老地方等待戈多。他们模模糊糊地回忆着昨天发生的事情，突然，一种莫名的恐惧感向他们袭来，于是他们没话找话，同时说话，因为这样就"可以不思想""可以不听"。等不来戈多，又要等待，"真是可怕！"他们再次寻找关于昨天的失去的记忆，再次谈靴子，谈胡萝卜，这样"可以证明自己还存在"。他们想要离去，然而不能。干吗不能？等待戈多。正当他们精神迷乱之际，波卓主仆再次出场。仅隔一晚，波卓已成盲人，幸运儿已变成哑巴，气息奄奄。戈多的信使小男孩再次出场，说戈多今晚不来了，明天会来。两位老流浪汉想上吊，没有绳子，想用裤带，结果断了，玩了一通上吊的把戏后，决定离去，明天再来。

三、品读欣赏

对标传统戏剧要素赏析本剧，便于把握、理解荒诞派戏剧的风格特点。

两个人物在干什么，做些什么动作？他们在等待一个叫戈多的人，他们糊涂到连自己苦苦等待的戈多是谁都不知道。爱斯特拉冈从一出场就使劲地脱靴子，往靴内瞧，倒靴子，摸靴子；弗拉季米尔则不断地脱帽子，抖帽子，窥帽子，戴上又摘下帽子。后来又分胡萝卜吃，与波卓闲聊，要上吊等，全是些无聊动作。

两个人物的特点？他们是两个流浪汉，卑微、低贱，属于社会最底层的人物。他们毫无个性特征，只是一种平面人物，或类型形象，两人可互换角色而丝毫不影响演出效果。他们不是"宇宙的精华，万物的灵长"，更不是我们在现实主义优秀作品中常见的那种典型人物、典型形象，是对西方社会中完全失去人性与个性的人的荒诞和生存状态的写照，也可以说是人类的缩影。他们迷离恍惚，浑浑噩噩，只会做脱靴子、摘帽子的无聊动作，说些支离破碎、莫名其妙的梦呓之言，甚至第二天见面时连头一天的事情都不记得了，并且连自己苦苦等待的戈多究竟是谁也不知道。

剧名是《等待戈多》，"戈多"究竟指什么？戈多最后来了没有？对于戈多是谁，谁也不知道，谁也说不清楚。可能是人们心目中的上帝、救世主，Godot是英语God的变形；可能不是某一个具体的人，而是他们想改变处境和满足希望的一种信仰、寄托；可能是无休止的明天；可能是个借口，让自己觉得还有活下去的意义；可能是等待，没有目标，不知所措；可能是"虚无"或"死亡"，人生的终极归宿；可能是一种象征，是现代西方人的精神寄托，是处于困境中的迷惑不安的人们对于未来若有若无的期望；可能是小男孩的恶作剧，他只是想戏弄他们，但他们宁可信其有，也不信其无；也可能是所谓的自由，社会许诺给他们的一个活下去的理由。对于上述问题，谁都无法做出一个准确的回答。有人问过作者，戈多究竟指什么？连作者也这么说："我要是知道，早在戏里说出来了。"

瑞典皇家学院诺贝尔文学奖颁奖词有这样一段评价："《等待戈多》中两个流浪汉必须面对的，是以野蛮方式残忍而无意义地生存着。这可以说是较富人性的剧本。剧终我们不知道戈多的身份，正如我们到自己生命最后一幕仍不会知道一样。落幕了，我们深信眼前看过的残害的力量，但我们明白一件事，无论经历怎样的折磨，有一种东西是永远拿不走的，那就是希望。"因此，虽然对戈多是什么众说纷纭，但很明显地，人们都从中看到了一点，戈多就是爱斯特拉冈和弗拉季米尔的救星与希望。

也可能剧作的中心不是"戈多"，而是"等待"。英国评论家马丁·艾斯林在《论荒诞派戏剧》中说，"这部剧作的主题并非戈多而是等待，是作为人的存在的一种本质特征的等待。在我们整个一生的漫长过程中，我们始终在等待什么？戈多则体现了我们的等待之物——它也许是某个事件，某件东西，某个人，或是死亡。此外更重要的是，我们在等待中纯粹而直接地体验着时光的流逝。当我们处于主动状态时，我们可能忘记时光的流逝，于是我们超越了时间；而当我们纯粹被动地等待时，我们将面对时间流逝本身"。

怎样理解"等待"？为什么要等？为什么不去找呢？为什么"什么也没发生"，却一直吸引着我们？

两个流浪汉是被西方现代工业社会挤压的"非人"，他们希望改变自己的处境，但希望虚无缥缈，不知在哪里，所以他们只好等待。他们在希望中等待，在等待中失望，在失望中可能会绝望。生活需要变化，但不知如何是好，所以只能等待；等待不是目的，只是闲谈的借口；他们其实是害怕戈多出现的，因为他的出现很可能就是他们的绝望；戈多似乎能给人以希望、给生活以意义，但直到戏剧结束他也没有出场。

显然，这只是一种无望且无可奈何的等待。说它无望，是因为戈多根本就不来，它只是人们为了安慰自己编织出来的幻想；说它无可奈何，是因为处于绝望境地中的人们除了等待，已别无他法来维系他们苟活的生命。等待固然虚妄，但也唯有等待了。等待已成为他们的生命状态。"希望迟迟不来，苦死了等的人。""咱们不再孤独啦，等待着夜，等待着戈多，等待着……"

最终戈多没有来，他们也没有去找，好像什么也没发生。

美国评论家普朗科说："能够把一个所谓静止的戏，'什么也没有发生'的戏写得自始至终引起我们的兴趣，这正是贝克特的才能。正如西班牙批评家阿尔芬斯所说：'难道你不认为这本身就是一个不小的成就吗？什么也没有发生过，这正是《等待戈多》的迷人之处。'从这个意义上看，它清楚地表现了虚无的存在，我们不能否认，许多用伏线写成的戏，里面事情发生了一大堆，我们看得却冷冰冰的，而《等待戈多》什么也没有发生，倒一直吸引着我们。"

这两个流浪汉的"等待"心理和"等待"状态是否只是个例？

不是。两个流浪汉的生存状态极具代表性和普遍性，他们是被社会挤压的"非人"，已被生活"异化"，他们卑微、低贱、丑恶，迷离恍惚，浑浑噩噩，只是按照动物的本能生活，完全丧失了人应有的尊严，他们糊涂到连自己苦苦等待的戈多是谁都不知道。他们其实是"人类的缩影"。剧作写出了我们每个人的生活状态，我们每个人难道不是每天都在等待着什么吗？等待上课，等待放学，等待放假，等待长大，等待成熟，等待着……等待着不可知的事物，虽然具体是什么不是很清楚，不过我们知道我们有自己的期待，但结果经常是"希望迟迟不来，苦死了等的人"。

人生就是一种等待。

无论戈多会不会来，无论希望会不会如期而至，等待都使绝望中的人多了一层精神的寄托。据说，这部戏剧于20世纪50年代在巴黎曾创下了接连演出300多场的纪录，当然对这部剧作的毁誉褒贬也十分激烈。但与此同时，在巴黎的咖啡馆、酒吧和街头巷尾，人们又拿戏里的台词互相取乐。一个问："你在干什么？"另一个则回答说："我在等待戈多。"

四、艺术魅力

贝克特以戏剧化的荒诞象征手法，揭示了世界荒谬丑恶、混乱无序的现实，写出了在这样一个可怕的生存环境中人生的痛苦与不幸。《等待戈多》渲染的氛围暗示人类生存活动背景的凄凉与恐怖，人在世界中处于孤立无援、恐惧幻灭、生死不能、痛苦绝望的境地。

戈戈和狄狄生活在恶劣的环境中，想活连骨头也吃不到，想死连绳子都没有，裤带又不结实。但他们还是执着地在痛苦中希望着、憧憬着。

《等待戈多》的核心和主题就是等待，是一部表现人类永恒地在无望中寻找希望的现代悲剧。"戈多"作为一个没有明确内涵的名词始终是一个朦胧虚无的幻影，一个梦魇中的海市蜃楼。戈多虽然没有露面，却是决定人物命运的首要人物，成为贯穿全剧的中心线索。戈多似乎会来，又总是不来。无论戈多是谁，从作品中我们都可以明显看出，他的到来将会给剧中人带来幸福，戈多是不幸的人对于未来生活的呼唤和向往。从这个意义上来讲，戈多是指人的"希望"。

"戈多"象征的希望，实质上还是生活在惶恐不安的现代社会里的人们对未来的潜意识中的希望。什么是希望？什么是未来？生活会有什么变化？人生会是什么结果？剧中人一无所知，只是习惯性地受自然和本能的支配，只觉得必须日复一日地等待下去。

《等待戈多》的情节结构是一种循环往复式结构。我们看剧本的第二幕，几乎就是第一幕的再现，贝克特就是想用这种直观的舞台动作，来强化我们对等待的感性理解。我们甚至可以想象，要是剧本还有第三幕、第四幕……的话，剧中人照样会耐心、顽强、执着、永不放弃地等待下去，哪怕这种等待永远都不可能实现。难道这不是我们每天的日复一日的生活吗？

综观全剧，剧本深刻表现了现代社会普遍的人生处境——人们都生活在盲目的等待与盼望中。也许在我们每个人的心里，都存有一个说不清道不明的希望，或许这个希望又是十分模糊的，而且在心怀希望中饱尝痛苦，甚至在经过了长时间的等待后，到头来又只不过是一场梦幻，人们在失望—等待—再失望—再等待中虚度年华、耗尽生命，但又从来不会轻易放弃对希望的憧憬与企盼。

这种无望的等待固然是人类永恒的痛苦，却也包含着希望，表现出了人类从不轻言放弃的信念与坚强。

毕淑敏说："生活本身没有什么意义，但我们要去寻找意义。"机会总是垂青于有准备的人，两位流浪汉的等待是毫无准备的等待，完全是被动的。那么有准备的等待就是一种积极的等待，就是一种有意识的"寻找"，积极的等待将给我们的生活带来活力和希望。

有句广告词说得很精彩，"心动不如行动"。我们明白，只有积极的行动才能为"等待"扩容。生活中"等待"不可避免，但行动更重要，不要守株待兔，而要"积极等待"，甚至主动出击。记住，机会总是垂青于有准备的人！时不我待，付诸行动，爱拼才会赢！

相思寄旧物，相见显人性

——周朴园形象探究

《雷雨》为人教版必修下册第二单元戏剧作品，单元提示有"通过阅读鉴赏、编排演出等活动深入理解戏剧作品，把握其悲剧意蕴，激发心中的良知与悲悯情怀"。此外，《雷雨》的学习提示还有："阅读本文时要抓住人物关系，初步理解人物性格……可以'围绕周朴园对鲁侍萍的怀念中到底有几分真情'等问题进行探讨，深入把握人物的性格特点。"学生为艺术特长生，喜欢阅读戏剧、表演戏剧，有情感丰富、表现欲强的优势，教师可在教学中引导学生赏析语言内涵、挖掘人物性格。但《雷雨》是天才作家的天才作品，它的矛盾冲突激烈、人物塑造丰满、主题指向深刻，教师要在短短的几节课中把这些内容讲清讲透几乎难以做到，在课堂教学中只能就最有代表性的方面进行鉴赏分析，鉴赏过程从文本出发，依据并尊重文本，力求突出文学性、人文性，但武断之处及标签化现象在所难免。

学习主要目标：厘清戏剧冲突及人物关系，品味戏剧语言，鉴赏台词内涵；分析周朴园复杂的内心世界和性格特点，以悲悯的情怀看待悲剧人物的命运；了解我国话剧的杰出成就，尝试分角色演出精彩片段，弘扬优秀传统文化。

教师基于学生实际和新课标理念，鼓励学生小组合作探究，充分调动学生做好课前阅读的积极性，课堂教学采取务实策略，引导学生讨论探究周朴园的复杂性格，品味戏剧语言的丰富内涵，树立正确的情感价值观。教师要始终把学生置于"主体"地位，对学生会的不讲，对学生能自己解决的放手，对较难解决的点拨，努力通过思维的碰撞，提升学生理解剧本、鉴赏人物的能力。

作为文学经典，《雷雨》百读不厌，常读常新。但如何能让一个高中生在较短的时间内读透文本、理解人物、体会人物特点，还真是不那么容易。在要求学生整体阅读剧本后，为了避免标签化的鉴赏讲读，教授文本时，我认为非常有必要寻找小而恰当的切入点，从细小具体的问题激发学生的兴趣开始，课堂中大家一起反复阅读文本，对话探讨。

教师课堂教学开始时要设置情境，认真组织导入语，激发学生学习兴趣。"都说'相见不如怀念'，怀念会让记忆美化，也会让很多过往温情缱绻，而再相见，彼此往往万水千山，沧海桑田。今天我们就来看一对30年前的恋人，一对一起生下过两个儿子的夫妻，他们再相见会是什么样的场景。让我们一起走进戏剧大师曹禺的话剧杰作《雷雨》。"接下来，出示共同拟定的学习目标，明确本节课学习要点。

预习检查环节是必要的，除检测学生通读剧本的情况外，还可以一起回顾、梳理全剧内容。教师提出两个问题，课文主要写了哪两个戏剧冲突？对课文写的三个相见，各用不超过八个字概括见面情形，并简要评点。教师随机指名学生回答，在这个环节，有四名学生回答，概括语言各不相同，最后我们达成如下共识。

两个冲突：周朴园与鲁侍萍的感情纠葛，周朴园与鲁大海的阶级矛盾。

三个相见：周朴园与鲁侍萍重逢——恋人重逢；

周朴园与鲁大海相见——父子相见；

鲁侍萍与周萍相见——母子相见。

概括评点：恋人重逢，却相见不相识，过往经历令人慨叹；

父子相见，却如同仇人，血泪控诉水火之间；

母子相见，却不能相认，还悲愤发出"这真是一群

强盗"的呼喊！

其实，要想掌握话剧内涵，精准理解人物形象是非常重要的，这个能力是在细读文本中一点一点建立起来的，这节课学习的首要任务是引导学生努力把握周朴园的人物形象特点。教师首先引用别林斯基的话"在所有的批评中，最伟大、最正确、最天才的是时间"进行铺垫，引出曹禺先生的成名作《雷雨》从1933年问世至今已近九十年，演出过无数次，成为舞台上永不落幕的经典，魅力在哪儿呢？让学生思考。其次引用曹禺先生的自述"我喜欢写人，我爱人"来说明，作者塑造周朴园这个人物，是花费了无数的心思、倾注了无数的心血的，最后引导学生从全面深入分析、体会"周朴园、鲁侍萍"的情节入手，一步步把握周朴园这个经典形象。

接下来请两位学生表演周朴园、鲁侍萍重逢的片段（已提前准备，脱稿）。学生认真观看，仔细品味人物语言内涵，体会人物特点，演后大家共同评点。经过这个环节的探讨，学生眼前的剧中人物形象更加丰满起来。教师适时抛出合作探究问题，"周朴园和鲁侍萍是30年前的恋人，你认为周朴园爱鲁侍萍吗？从哪儿可以看出？"教师提醒学生要从文本（人物台词、舞台说明）中找出依据，并分析说明。经过学生的多角度不同回答，可概括出"爱"。理由是：周朴园多次向人打听，特地派人到无锡打听鲁侍萍的下

落；打听鲁侍萍坟墓所在，想把她的坟墓修一修；多次搬家，一直保留着鲁侍萍喜欢的家具；一直保留着总是关着窗户的习惯；一直记着鲁侍萍的生日；一直保留着鲁侍萍绣了花的衬衣；在用特殊的方式表达着爱意；等等。也可以概括出"不爱"。理由是：周朴园知道鲁侍萍还活着十分惊愕。（忽然严厉地）你来干什么？谁指使你来的？（冷冷地）三十年的工夫你还是找到这儿来了。好！痛痛快快的！你现在要多少钱吧？等等。

教师适时小结。显然，周朴园是把鲁侍萍分成了两个："死去的侍萍"和"活着的侍萍"。"侍萍还活着！"是其态度变化的一个重要转折点，因为在认出鲁侍萍前，他一直认为鲁侍萍已经投河死了。

教师接着追问："周朴园认出鲁侍萍前，对她的身份有四次发问，认出后又有三次发问，请找出这些发问，并试着分析其心理变化过程。"给学生一定时间浏览文本、合作讨论后，总结学生的回答情况如下。

认出前的四次发问：（忽然觉得她很奇怪）你——你贵姓？（抬起头来）你姓什么？（忽然立起）你是谁？（徐徐立起）哦，你，你，你是——。认出后的三次发问：你来干什么？谁指使你来的？好！痛痛快快的！你现在要多少钱吧？在这个探讨过程中，学生可以发现一个很明显的心理变化历程，周朴园从没有认出鲁侍萍到慢慢认出她来，心理由开始时的平静，到逐渐警觉，到发慌，到最后确认鲁侍萍还活着的时候十分惊恐。其实通过这几次发问，我们能深刻感受到周朴园对他和鲁侍萍间的问题的解决方案，就是"钱"，在他眼里已没有了真情，只有赤裸裸的金钱关系。

到这儿，其实我们可以得出一个小结论，周朴园爱的是"死去的侍萍"。他对她有多种方式的怀念，让人觉得他难忘旧情，一往情深；且在他心里，他认为鲁侍萍已死，对鲁侍萍的种种美化、赞美于自己没有任何威胁；甚至还可以把她作为营造自己"专情人设"的道具。而"眼前活着的侍萍"则会把他拉回到现实，会揭开残酷的真相，会戳穿他的谎言，会使他名誉扫地、地位受到威胁。

那么，基于以上分析，教师抛出第二个探究问题："你认为周朴园是一个怎样的人？"这个问题有点大。教师进一步提示学生："曹禺善于在矛盾冲突中塑造人物形象。如果把周朴园、鲁侍萍二人关系切分为'爱恋—分开—离别—重逢'四个阶段的话，在矛盾纠葛中显示了其怎样的性格特点？"

这个问题一下子打开了学生的思路，让思考有了明晰的方向，学生纷纷举手发表自己的见解。

"爱恋"阶段。鲁侍萍当年温柔美丽，聪明贤惠，这时周朴园对她的爱是年轻人的自然的本性流露，这时的周朴园是一个有情人。教师适时进行思政德育，这时周朴园爱的更多的是鲁侍萍的青春容颜、美丽皮囊，不是精神上、灵魂上的共鸣、相通，这种爱注定不能长久。浅喜如苍狗，真爱如长风，真正的爱应是精神上的息息相通。教师告诫学生要擦亮眼睛，找准灵魂伴侣，不要轻易相信甜言蜜语。

"分开"阶段。面对利益和地位的诱惑，面对封建家族的逼迫，周朴园的情感天平发生了倾斜。他们一家人在年三十、大雪天撵走了刚生下孩子三天的鲁侍萍。这时的周朴园是一个狠心人，绝情人。（可能他没有参与撵走鲁侍萍的具体行动，但至少也是帮凶，或者没有表现出反对。）

"离别"阶段。人生需要寄托，尤其是后来周朴园的两次婚姻也并不如意，他开始对过往、对鲁侍萍无尽怀念。这时的鲁侍萍是他刻意营造的怀念对象（"人设"），鲁侍萍成为他虚幻中的美好形象。这时的周朴园是一个痴情的人、虚伪的人。

"重逢"阶段。当"活着的侍萍"令人意想不到地站在周朴园面前时，他首先考虑到的是，鲁侍萍的出现将使自己的家庭、名誉、地位受到威胁，资本家的处世惯性令他露出冷漠、残忍、习惯用金钱来解决问题的本质。这时的他是一个只顾自己的自私人。

依据上面的分析，我们可以得出这样的看法：周朴园虽然是封建大家庭中有一定的地位和经济基础的幸运儿，但也并不能把握自己的命运，是那个时代的牺牲品。周朴园的生活经历也束缚了他对爱的认识和行动，他的爱是有条件的，符合自己的利益就爱，不符合自己的利益就不爱。在曹禺的精心、巧妙的刻画中，人物性格显示出了令人惊讶的复杂、深邃。

教师可以借用雨果的名言来解释这种现象："万物中的一切并非都是合乎人情的美，丑在美的旁边，畸形靠着优美，丑怪藏在崇高背后，美与恶并存，光明与黑暗相共。"曹禺在谈自己的创作时也说，周朴园也是一个人，我们不能认为资本家就没有人性，为了钱，淹死2200个小工，这是他的人性，爱他所爱的人，在他生活的圈子里需要感情的温暖，这也是他的人性。曹禺还说，他从不绝对地"讽刺""批判"自己笔下的人物，而是怀着"悲悯"的感情去写他们。这才是一位文学大家的责任意识。

当然，阅读一部作品，不光是了解故事、分析人物，还得从故事中走出去，看作品对自己的启发，看自己能从作品中收获什么。在这个环节，学生回答的收获有的在教师意料之中，有的则在教师意料之外，令人惊喜。概括一下他们从这个作品中受到的启发，大致来说有：人要真诚待人、拒绝虚伪，追求正义、坚守良知，同情他人、以悲悯情怀善待周围的每一个人，让别人因我的存在而感到幸福，既各美其美，又美美与共。看来学生学习这个作品还是有很大触动和思索的。教师结尾时适时点拨，同周朴园相比，我们生活在社会主义新时代，可以按自己的需要追求自己想要的幸福，命运由自己掌握，我们都要幸运得多，都是幸福人。

课堂最后，教师提请学生一定要关注《雷雨》，要反复阅读它，作为著名的现代话剧，周朴园只是其中的一位人物，其他的人物也都是作者倾心塑造的，都值得深入分析探讨，请学生自己查阅相关评论或材料，分析其他人物的命运和性格特点。布置的作业是二选一："用本节课学到的鉴赏人物的方法，撰写'我眼中的鲁侍萍'"；"校园剧社要演出话剧《雷雨》，为吸引学生观看，请为该剧设计宣传海报，要求包含宣传标语、推介文字，图文并茂"。作业有一定的开放性和驱动性，有助于学生结合自己的知识积累和阅读情况选择完成。

参考文献：

[1] 黄邵震.三十年来心事：也谈《雷雨》中周朴园对侍萍的感情 [J].语文学习，2021（11）：48-50.

[2] 夏竹.曹禺与语文教师谈《雷雨》[M].福州：海峡文艺出版社，1985：197-199.

[3] 雨果.《克伦威尔》序言 [C]//伍蠡甫.西方文论选：下卷.上海：上海译文出版社，1979.